El valencià
és una llengua diferent?

MARIA JOSEP CUENCA

TÀNDEM
edicions

segona edició

desembre, 2003

Sant Vicent, 93-1a 46007 València
tel.: 96 317 20 47 - fax.: 96 317 22 01
e-mail: tandemedicions@yahoo.es

disseny col·lecció i coberta

Estudi Paco Bascuñán

impressió

Graphic 3

ISBN

84-8131-452-8

dipòsit legal

V-5469-2003

Als meus pares, Amparo i Salvador,
que són l'origen d'aquest llibre
i de la història que s'hi explica

El valencià és una llengua diferent?

El mallorquí és una llengua diferent?

El català és una llengua diferent?

INTRODUCCIÓ[1]

Les pàgines que precedeixen donen resposta a la pregunta que contenen. Per la forma dels tres enunciats, no és difícil concloure que les tres denominacions utilitzades (valencià, mallorquí, català) corresponen a la mateixa llengua. En tots tres casos les frases enunciades es dirien igual amb lleus diferències de pronúncia. Aquest fet, lluny de ser una coincidència que podríem trobar aïlladament entre llengües distintes, respon a un grau alt d'identitat o de similaritat en el nivell gramatical i lèxic, que, des del punt de vista científic, no planteja cap mena de dubte: valencià, mallorquí i català, com altres parlars, formen part d'un mateix sistema lingüístic, d'una mateixa llengua.

Per què, doncs, la pregunta no estranya? I, encara més, per què s'interpreta de manera diferent en els dos primers casos (valencià, mallorquí) i en el tercer (català)? La pregunta plantejada suscita un dubte: si les tres oracions són iguals quant a lèxic i gramàtica, per què no s'interpreten igual? Aquest dubte prové de la naturalesa de l'adjectiu

[1] Vull agrair als amics que han llegit el manuscrit els seus suggeriments i els ànims que m'han donat per arribar a concloure aquest llibre. En especial, agraïsc l'ajuda a Josep Manuel Quixal i a Maria Josep Marín.

diferent, que implica la pregunta: *diferent de què?* És evident que valencià, mallorquí, català i altres parlars que acadèmicament s'inclouen sota la denominació general de llengua catalana, són diferents de llengües com l'italià, el francés, l'anglés o el bantu. Ara bé, en la situació actual una pregunta com «El valencià és una llengua diferent?» s'entén com a equivalent a «El valencià és una llengua diferent del català?». Motius històrics, sociolingüístics i sobretot polítics expliquen aquesta equivalència, que també s'estableix, tot i que amb menor força, en el cas del mallorquí.

A partir de la pregunta que dóna títol a aquest llibre, he intentat analitzar els problemes que hi subjauen. I el resultat de tot plegat és aquest assaig, un llibre que s'encapçala amb una resposta –el valencià forma part de la llengua catalana–, però que conté moltes altres preguntes. Algunes s'acompanyen de resposta, d'una resposta; unes altres es mantenen amb un interrogant que el temps haurà de desfer. En aquest assaig es parla sobre què és el valencià i què el fa diferent (i de què) fent referència a esdeveniments històrics recents i a conceptes generals que ens permeten entendre millor la qüestió.

El to predominant, sovint narratiu o de reflexió, vol separar-se de l'erudició o l'academicisme que caracteritza altres obres que, des de diferents perspectives, s'han aproximat al tema del denominat conflicte lingüístic valencià. L'obra es pot definir com una visió personal, un diàleg amb el lector, sobre la realitat sociolingüística valenciana actual. Però no s'ha d'entendre com una dissecció total, exhaustiva, sinó com una selecció d'alguns fets, d'algunes idees, d'algunes lectures. Així, sense defugir la visió historicista, ens centrem en esdeveniments bastant propers en el temps amb l'objectiu de deixar un testimoni –un més– d'allò que ja forma part de la història de la llengua dels valencians. Es tracta d'un objectiu modest, presentat en una forma també modesta, per tal que puga arribar a un públic ampli i que deixe constància del que molts pensem sobre un tema que sol arribar a l'opinió pública filtrat per mil subjectivitats i per mil interessos. En aquest cas, també hi ha un filtre: el de la mirada de l'autora que, com a persona implicada personalment i professionalment en el tema, ha sentit la necessitat de compartir el seu pensament.

València, estiu de 2002.

Narracions

D'alguna manera, la Història, amb majúscula, no és més que la suma d'històries menudes seleccionades i interpretades per qui controla el poder. Al costat de la Història oficial, hi ha anècdotes que diuen molt sobre el valencià, l'ús que se'n fa, la relació amb el català central, la relació amb el castellà. Hi ha fets poc transcendents més eloqüents que algunes lliçons de sociolingüística. Algunes històries, històries que he viscut en primera persona, ens introduiran en el tema que ens ocupa.

Amparo i Salvador es van conéixer en un ball d'estiu a principis dels cinquanta. Ella aprenia a cosir per poder treballar en la botiga de roba on el seu pare feia de dependent; quan Amparo acabava la feina anava al ball que es feia al carrer amb les companyes de costura. Salvador treballava a Barcelona, però havia vingut a casa dels seus pares de vacances. Ell parlava valencià en el seu entorn familiar, però usava el castellà en altres casos. Amparo, encara que sentia constantment el valencià en boca dels seus pares i també quan estiuejava a Castelló de Rugat, no el parlava. Així que van començar la relació en castellà, llengua que van mantenir durant tota la seua vida de parella i que van transmetre als seus fills.

Amparo havia nascut a Russafa el 1933. Els seus pares, Amparo i Antonio, parlaven valencià entre ells. La seua mare, Amparo (que, en realitat, es deia Inés de los Desamparados, cosa que va descobrir el dia que va anar a preparar els papers per casar-se) va nàixer el 1910 a València; el que seria el seu marit, Antonio, va veure la llum el 1905 a Castelló de Rugat (La Vall d'Albaida). Amparo i Antonio parlaven a les seues quatre filles en castellà. Quan els vaig preguntar per què, no em van saber respondre. Potser les circumstàncies de l'època, el costum que s'imposava en el seu entorn, el de la capital i, posteriorment, la guerra civil, el franquisme... Res que tinguera a veure amb una postura meditada, una decisió conscient relacionada amb la idea d'obrir portes a les seues filles en una societat que s'expressa en castellà.

Salvador havia nascut al Cabanyal el 1927. Els seus pares, Mariana i Salvador, eren tots dos del Cabanyal. El Cabanyal, tot i que actualment és un barri de la ciutat de València, aleshores era considerat un nucli urbà independent del cap i casal. Encara ara, els seus habitants diuen que van a València a comprar, referint-se al centre de la capital, i mantenen un sentiment diferenciat molt fort que es manifesta, també, en un major manteniment del valencià com a vehicle de comunicació habitual. Mariana venia peix al mercat i Salvador era ebenista. Parlaven valencià entre ells i també als seus quatre fills.

Dels quatre valencianoparlants que van donar origen a aquesta genealogia lingüística, ara queden pocs valencianoparlants. Les quatre filles d'Amparo i Antonio parlen en castellà, tot i que els seus marits són valencianoparlants. Dels quatre fills de Mariana i Salvador, tres es van casar amb castellanoparlants i una amb un valencianoparlant. Només aquesta parella va mantenir la llengua com a vehicle d'expressió habitual, tant en família com en l'entorn de treball, el port de València.

La següent generació ha perpetuat el canvi lingüístic. Dels néts d'Antonio i Amparo i de Mariana i Salvador, només una néta, encara que té com a llengua materna el castellà, ha recuperat la llengua dels seus avis. Tots els altres néts d'Antonio i Amparo parlen en castellà. De la resta dels néts de Mariana i Salvador, només un parla en valencià amb la seua dona, però els seus fills, encara que saben parlar en valencià, normalment ho fan en castellà. Així doncs, en la tercera generació, només queda un valencianoparlant amb manteniment de la llengua per transmissió de pares a fills i una castellanoparlant d'origen que ha recuperat la llengua familiar. La quarta generació presenta un panorama proper a l'extinció.

Aquesta genealogia lingüística ens mostra una norma de comportament i transmissió lingüístics: quan un dels dos cònjuges és castellanoparlant, la parella es comunica en castellà i transmet exclusivament aquesta llengua als fills. I fins i tot, si tots dos són valencianoparlants, pot passar que decidisquen educar els fills en castellà. És cert que les coses han canviat bastant en els darrers anys i aquesta «norma» no sempre s'acompleix, sobretot en la segona versió. Tanmateix, la llavor ja ha donat fruit, un fruit d'empobriment lingüístic i cultural, de pèrdua d'arrels.

Amparo i Salvador són els meus pares. Aquesta és, doncs, la història lingüística de la meua família, una història que no és gaire sorprenent en terres valencianes. Aquesta és una història de substitució lingüística.

VOSTÈ ÉS DE LLEIDA?

Amparo i Salvador es van casar el 10 d'agost de 1956, dia de Sant Llorenç, a l'església de Sant Valer de Russafa. Van anar de viatge de noces a Barcelona, on viurien els següents 25 anys i tindrien els seus tres fills. S'hi van adaptar amb facilitat i hi van fer amistats, amb les quals es comunicaven normalment en castellà. Però no tothom parlava en castellà. Hi havia gent que parlava una llengua que, a Amparo i Salvador, els era molt familiar. L'accent era diferent; si els demanaves una creïlla o una quarta de bajoqueta, et miraven estranyats. Però sempre van saber que tenien un vehicle de comunicació comú.

Encara que en la Barcelona franquista la comunicació es feia habitualment en castellà amb qui parlava castellà, de vegades hi havia catalanoparlants, sobretot si eren persones grans, que continuaven parlant en català encara que algú els parlara en castellà. I no ho feien per falta d'educació ni per convenciment ideològic; ho feien perquè el català era el seu vehicle d'expressió normal, fins al punt que sovint els costava expressar-se en castellà. Aquest era el cas de la senyora Angelina i el senyor Rosendo, que sempre parlaven en català a l'Amparo, l'amiga de la seua nora Fina. Un dia l'Amparo va animar-se a contestar-los en aquella llengua que havia sentit a Castelló de Rugat, la que sentia als seus pares, i que mai no havia parlat.

–Que és de Lleida, vostè?
–No, sóc valenciana.

Aquest diàleg es repetia una vegada i una altra sempre que Amparo parlava en la llengua dels seus pares. En cap moment, però, no va sentir que parlara una llengua diferent de la que parlaven els seus amics catalans.

El català, no només el sentia al carrer. En aquells temps, encara en el franquisme, quan acabava la programació de la Televisión Española, cap a les 4.30 de la vesprada, feien programes en català: novel·les, concursos, programes com «Vostè jutja», debat presentat per un joveníssim Joaquim Maria Puyal, el primer locutor que va fer retransmissions de futbol en català. El català estava en l'ambient malgrat prohibicions i coaccions, malgrat tot.

Amparo va començar a parlar en valencià a Barcelona, un lloc on va sentir que parlar-lo era un signe d'integració i una manera de respondre amb naturalitat al comportament lingüístic del seu entorn. Parlar valencià era la seua manera de parlar català, de deixar constància dels seus orígens i, alhora, de sentir-se part d'un entorn del qual ella era part i en el qual els seus fills van sentir-se sempre integrats.

MIRANT LA TELE

Dia 22 de maig de 2002. Ens trobem enmig de la polèmica creada per l'entrada en vigor d'un decret que regula el requisit lingüístic per a accedir als cossos de professorat, pel qual s'exigeix demostrar coneixements de valencià i de castellà per poder-se presentar a les oposicions docents. Les comarques castellanoparlants estan revoltades perquè consideren que la mesura els discrimina; els sindicats estan indignats perquè les ordres per les quals es convoquen les oposicions a professors de secundària i batxillerat no inclouen les mateixes condicions que es van pactar amb ells; les universitats es mostren perplexes per l'exclusió intencionada i esbombada per tota la premsa de la llicenciatura de Filologia Catalana com a títol que acredita el coneixement de la nostra llengua. Enmig de tot això, estic davant de la tele a una hora inusual, cap a les 7 de la vesprada. Fent *zapping*, intentant trobar algun programa mínimament visible, el dit prem el botó de La 2 i apareix una dona de Benassal explicant la recepta del «Tombet de conill», cuinat, evidentment, amb aigua de Benassal (que, segons diuen alguns, té propietats miraculoses i, segons uns altres, ni fa bé ni fa mal). El seu tombet em recorda el tombet (de verdura) de Pollença, a Mallorca.

Mal que bé, la senyora fa la seua explicació en valencià. Quan acaba la recepta, hi ha un espai en què un expert aconsella, en castellà, sobre el vi adequat per a l'àpat. Tot seguit, el presentador del programa s'asseu a taula per menjar-se el plat i s'adreça a l'audiència en valencià. A punt de tastar el plat, li sona el telèfon mòbil. És el seu metge que li recorda: «Con el colesterol tan alto, sólo puede comer *bacho-*

queta». Ell li respon també en castellà, és clar: «Sí, sí. Ya lo sé. No se preocupe. Sólo *bachoqueta*». El canvi de llengua resulta sorprenent, ja que durant tot el programa el presentador parlava habitualment en valencià. L'escena del telèfon no era més que una ficció preparada i, per tant, semblava del tot injustificat fer aquest pas al castellà.

Però, és clar, cal tenir en compte que la funció de la televisió no és formar i informar, sinó ser un reflex «objectiu» de la realitat! Atesa aquesta premissa de versemblança, a qui se li acudiria parlar en valencià amb el metge? I encara més a la televisió. I si després els televidents pensen que es pot parlar en valencià amb el metge i comencen a estendre aquest perniciós costum, que posaria en perill l'ús normal del castellà?

Acaba el programa i anuncien una sèrie denominada «Tocat de l'ala». Amb curiositat, espere que comence una obra que sembla que serà en valencià. Però els actors són catalans. Quan comença, descobrisc que és una sèrie que ha estat doblada –i amb no gaire traça, a més– del català central al valencià.

Tot això em recorda la quantitat de vegades que coincideix, fins i tot el mateix dia i a la mateixa hora, una pel·lícula en català a la TV3 i en castellà al Canal 9, o aquell miniespai d'una parella que parla dels seus problemes quotidians en to humorístic, en català a la TV3 i en castellà al Canal 9.

Sort que una de les funcions fonamentals dels mitjans de comunicació valencians és estendre l'ús del valencià! Sort que els nostres impostos s'utilitzen correctament i que el Govern valencià acompleix amb escreix l'objectiu de valencianitzar la nostra societat!

Apague la tele i, entristida, me'n vaig a treballar una estona amb l'ordinador.

El dia 23 de maig de 2002 es va fer un homenatge a Miquel Batllori a l'església de Santa Maria del Mar de Barcelona. Un homenatge sumptuós que el pare Batllori, amb l'humor intel·ligent que el caracteritza, va qualificar de «funeral in vivo». Batllori, historiador i erudit, molt conegut com a especialista en els Borja, va rebre el doctorat honoris causa per totes les universitats del domini lingüístic català que no li l'havien atorgat ja. El president Pujol, citant les paraules d'Albert Manent, va elogiar Batllori dient: «té totes les virtuts i cap dels defectes d'un cardenal del Renaixement».

L'acte tenia un accent marcadament valencià. Moltes de les intervencions van tenir veu valenciana: l'alcaldessa de Gandia, Pepa Frau; el cardenal i arquebisbe de Barcelona, el valencià Ricard Maria Carles; el professor de la Facultat de Teologia de València, Miquel Navarro, etc. Fins i tot la presentació de la part musical corria a càrrec d'una actriu valenciana.

A l'acte, hi estaven convidats diferents representants d'institucions universitàries, administratives i religioses. La representació del Vaticà corresponia a l'argentí Jorge María Mejía, al qual Batllori va dedicar unes breus paraules en castellà durant el seu discurs, paraules que feien honor també als orígens cubans de l'erudit. Batllori, en homenatge emocionat a les seues llengües, va dir al cardenal Arxiver i Bibliotecari de la Santa Seu:

> ...no puedo presentarle, ni puedo darle, excusas por hablar hoy y aquí en catalán. Ella es, estatutaria-

mente, la lengua propia de este país y nuestra primera lengua oficial. Por esto echaré mano de ella en este acto solemne, a pesar de tener todos una lengua que compartimos, que además es mi lengua familiar, la primera que oí de labios de mi madre, nacida en la calle de Paula, en la vieja Habana, junto a la casa, ahora museo, del poeta y héroe nacional de Cuba, José Martí, de familia valenciana.

I poc després va continuar:

> Todo ello me hubiera movido, y no sólo por deferencia protocolaria, a hablar hoy en castellano, si no se hubieran interpuesto largos decenios en que la lengua de mi cultura connatural –no mi lengua familiar, como ya he explicado– estuvo brutalmente proscrita. Aquí, *intelligenti pauca*. A buen entendedor, pocas palabras.

Llàstima que a *su eminencia*, Jorge María Mejía, li feien falta més paraules, més explicacions de les que Batllori va donar, o més capacitat de comprendre, coses totes dues que sorprenen en un cardenal Arxiver i Bibliotecari de la Santa Seu que ens va adelitar fent referències a la importància d'Internet, entre altres comentaris més o menys encertats. El representant del Vaticà, com a justificació de la seua intervenció en castellà –justificació clarament innecessària–, va explicar que es proposava aprendre la llengua catalana i la llengua valenciana, per a una propera ocasió. Al llarg del discurs, en què no van faltar altres comentaris que reclamaven a crits un bon assessorament cultural, va lloar les intervencions en català que havia sentit. Ni una paraula de les intervencions en valencià. Potser no li van agradar?

Potser, malgrat la seua consciència de l'existència de dues llengües, no era capaç de diferenciar-les? Potser l'argentí és també una llengua diferent del castellà. Tal vegada utilitzava els adjectius *català* i *valencià* en sentit geogràfic i no filològic?

«Doctores tiene la Iglesia». O això diuen.

TAXI!

–Bon dia. A l'avinguda Peris i Valero.

–Molt bé –digué el taxista.

A la ciutat de València no és molt habitual que els taxistes et contesten en valencià, encara que et trobes algunes sorpreses, tant agradables com desagradables, si parles en valencià en situacions en què la majoria de la gent parla en castellà, com és el tracte amb desconeguts.

–Me pareix molt bé que em parle en valencià. És estrany que algú puge al taxi i em parle en valencià. La gent directament parla en castellà, sense saber si jo parle valencià o no. Renuncien a la seua llengua i això no està bé –va dir el taxista.

–Té raó –vaig contestar, sorpresa per l'actitud del taxista, que defensava l'ús normal del valencià amb arguments de tant de pes. Era la primera vegada que em trobava un cas així, acostumada més aviat a reaccions contràries per part d'alguns taxistes.

–I és que ací, no és com els catalans, que sempre parlen en català. Ací el castellà és la llengua que gastem tots, els que parlem valencià també. El que fa vostè està molt bé.

–Sí, és important parlar en valencià sempre que es pot i no passar-nos al castellà directament.

–Imagine's! Un dia estava a l'estació del Nord i va arribar un tren de Barcelona. Vaig carregar un home que em diu: «A la plaça de l'Ajuntament, sisplau». Jo vaig abaixar la finestra del cotxe i vaig traure la mà amb la palma cap amunt i la vaig tornar a entrar.

–Sí?

–I l'home torna a insistir: «A la plaça de l'Ajuntament, sisplau». Jo torne a abaixar la finestra del cotxe i trac la mà amb la palma cap amunt i la torne a entrar. Ja enfadat, l'home torna a repetir-ho i jo torne a mirar *si plou*. A la fi, el client va eixir del taxi i se'n va anar. Millor. Jo en el meu taxi puge a qui em dóna la gana.

–Però vosté l'entenia, no?

–Sí, clar, però si ve ací que parle valencià o que parle castellà!

–I si hagués sigut un anglés o un francés que no hagués parlat ni gota de valencià ni tan sols de castellà i li diu «To the plaza Ayuntamento, please», vosté l'hauria portat al lloc, no?

–És que no és igual. Els estrangers és perquè no saben, però l'home sí que podia parlar en castellà.

–Sí, no és igual. Però l'home parlava en la seua llengua, una llengua que vosté entenia...

–El català, que el parlen a Catalunya. És que els catalans...

–Però cal ser tolerant, no creu? Si el client no haguera sigut educat i no li ho haguera demanat per favor, no hi hauria hagut cap problema –el taxista em va mirar pensatiu a través del retrovisor.

–Bé, ja hem arribat. Són quatre-centes.

–Sí, tinga. Per cert, jo sóc catalana.

–No pot ser.

–Sí, de Barcelona.

–Però no se li nota gens. No té accent!

–És que fa molts anys que visc ací i m'he adaptat a l'accent. I recorde que cal ser tolerant. Adéu, bon dia!

TAXI, TAXI!

El món del taxi és un microcosmos lingüístic. Tot i que, darrerament, les meues experiències als taxis han estat més aviat positives, t'hi pots trobar reaccions de tot tipus. En els darrers mesos he trobat una proporció bastant alta de taxistes que parlen en valencià, fins i tot major, segons la meua experiència, que la de taxistes de Barcelona que parlen en català, proporció gairebé tan exigua com la d'anglosaxons que porten un taxi a Nova York. El fet és que parlar en valencià en un taxi representa no poques vegades haver de donar explicacions sobre si el valencià és català o no, o si és normal que la gent «impose» el valencià parlant-li'l a un castellanoparlant. Fa no gaires setmanes, vaig agafar un taxi de nou.

–Bon dia, al carrer Colom.

–En seguida. Hoy hace calor, ¿verdad?

–Sí, molta. Després d'un estiu tan estrany, ara arribarà la calor.

–Sí, ahora que se han acabado las vacaciones, para el que las ha tenido, que aquí, en el taxi, no se puede.

–Sí, el temps està boig.

–¿Usted es de aquí, de donde ha parado el taxi? ¿Es del Grau?

–Més o menys, visc propet d'ací –vaig respondre amb un to d'incògnita per una pregunta que res tenia a veure amb el tema del temps.

–Ah. Es que mi abuela era del Grau y siempre hablaba en valenciano. Yo viví con ella de pequeño y entiendo el valenciano. Lo entiendo todo pero no lo hablo.

–Bé, això és qüestió de decidir-se, de perdre la por a dir alguna cosa que no està bé.

–No, si yo lo sé. Toda la vida oyéndolo. Porque yo soy valenciano, ¿sabe? Para ser valenciano, no hace falta hablar valenciano ni ser fallero. Yo soy tan valenciano como el que más.

–Ja.

–Yo sé el valenciano pero no lo hablo. Pero lo sé, ¿eh? Fíjese, yo, si oigo una palabra rara en valenciano, yo me doy cuenta. Por ejemplo, si alguien dice *tuthom*, yo lo noto. No es valenciano.

–Home, però vosté el que vol dir és que sap el valencià de València. No crec que vosté conega tot el valencià, no?

–No, claro –va contestar amb un to dubtós.

–Vosté sap si, una expresssió, la deia la seua iaia o no, però això no vol dir que vosté sàpiga si la diu o no qualsevol valencià.

–No, claro. Usted quiere decir que a veces hay sitios donde dicen cosas diferentes de aquí, Castellón, por ejemplo –va dir encuriosit per la meua observació.

–Això és. És que hi ha moltes paraules que es diuen diferent i són també valencianes. Hi ha qui diu creïlla i qui diu pataca, però tots dos parlen valencià.

–Sí, es verdad –va concloure decebut per la meua observació, que li havia retallat tan dràsticament la seua condició d'expert lingüístic.

–Deixe'm al cantó, per favor. Tinga.

–Aquí tiene el cambio. Buenas tardes.

–Adéu.

–Adéu –va acabar el taxista, demostrant que, efectivament, sabia valencià.

Contextualitzacions

La situació actual del valencià no s'entén sense conéixer-ne el context històric i social. El plurilingüisme actual de l'Estat espanyol, crescut a partir d'un passat lingüicida, les llengües en la construcció europea, l'ús i l'abús del concepte de nacionalisme... Tot això ens forneix dades per a entendre una realitat complexa on l'enfrontament del valencià es planteja en relació amb el català i gairebé mai en relació amb el castellà. Una realitat on el respecte a les llengües que no tenen un estat al darrere és poc més que una ficció.

El desenvolupament legislatiu posterior a la promulgació de la Constitució espanyola de 1978 estableix que el regne d'Espanya està constituït per desset comunitats autònomes més Ceuta i Melilla. Segons les lleis vigents, a més, en algunes autonomies es poden considerar cooficials altres llengües a banda del castellà, «lengua de todos los españoles». I per deixar clar que el castellà és llengua de tots, els ciutadans del Regne de Joan Carles I tenen el dret d'usar-la i l'obligació de conéixer-la, mentre que, en el cas de les llengües «autonòmiques», els ciutadans tenen el dret d'usar-les, però no acaba d'estar clar que tinguen l'obligació de conéixer-les. Interessant asimetria que fa trontollar la democràcia respectuosa en el nivell lingüístic.

Podríem pensar que la Constitució era un primer pas i amb el temps aniríem avançant sobre la base ja establerta. Han passat ja un munt d'anys i la situació, en alguns nivells, no millora. El fet és que Espanya no ha acabat d'assumir el multilingüisme.

Si Espanya es cregués el multilingüisme, no seria concebible que els presentadors de les televisions espanyoles pronunciaren els noms catalans reiteradament de manera incorrecta i, en general, a l'anglesa. No és admissible que un periodista com Joan Vehils acabe essent apel·lat «Yojan Vejils», en una barreja impossible entre el Johan Cruyff i l'hotel Altea Hills. Ni que qualsevol Artur, començant pel conseller en cap de la Generalitat de Catalunya, Artur Mas, es convertisca en Àrtur, qualsevol Robert en Ròbert, els Alberts en Àlber(t) i els Joseps en Josephs. Aquestes mutacions denominatives s'accepten com a normals o, amb resignació, com a inevitables. Què hi farem! En canvi, tothom riu si algú parla de «saquespeare» i no «xecspir» (encara que la segona versió tampoc no és que sone com l'original Shakespeare) i ens posaríem les mans al cap si algú digués el nom del cantant Tom Jones tal com es llegiria en castellà. I, encara més, fem befa dels nostres pares que es referien a la Lana Turner (en anglés, pronunciat, més o menys, Leina Terner) tal com es llegeix o riem perquè l'actor Kin Duglas és el pare del també actor Maiquel Daglas. Això sí, la jota de l'anglés ens ha salvat de la conversió immisericorde de la nostra jota en una jota castellana i només l'ha degradada al nivell de 'y' (penseu com sona Pujol si en comptes de ser «Puyol» és «Pujol» a la castellana).

És un fet que l'anglés té una presència molt major a l'Estat espanyol que les llengües pròpies de l'Estat i no només per a la gent del carrer, cosa que podria fins i tot ser justificable o almenys comprensible, sinó per als professionals de la comunicació. I encara en el món editorial sorprén el fet que, segons les dades del darrer informe de la Subdirecció General de Promoció del Llibre corresponents als anys 1996 al 2000, la quantitat de llibres publicats en anglés a l'Estat espanyol (979) siga superior a la de llibres publicats –segons l'actual registre de l'ISBN– en valencià (605), molt lluny, per cert, dels publicats en català (7.373) l'any 2000, encara que, com és sabut, aquesta darrera xifra inclou bona part de la producció valenciana. Aquestes xifres, com també les de llibres en euskera (1.428) i en gallec (1.266), es troben a anys llum del volum de llibres publicats en castellà (47.757).

L'Estat espanyol no es creu el plurilingüisme; com a conseqüència, és difícil dur a terme una defensa de les «altres» llengües d'Espanya –és a dir, totes excepte el castellà–, dins d'un projecte polític o «nacional» espanyol.

És clar que els antecedents predemocràtics no eren massa propicis. Una de les primeres vegades que vaig anar a Canàries, a finals dels 80, em va sorprendre comprovar que en les ràdios locals els locutors o les locutores tenien una dicció completament peninsular. Es podria haver dit que aquella persona era de Madrid o de Valladolid (o no, perquè no deia «la compró un coche» en comptes de «le compró un coche»). Sorpresa per un fet tan reiterat, vaig preguntar a un canari sobre el tema i em va respondre que això era normal: als mitjans de comunicació s'havia de parlar «peninsular».

Ja entrat el segle XXI he comprovat que les televisions, probablement per l'audiència i no com a conseqüència d'una política de respecte de la insularitat o la diferència en general, solen emetre un complement del telenotícies «nacional» on es tracten temes de les Illes Canàries. Si bé en molts casos els presentadors tenen un lleu accent canari, no és així en la primera cadena de TVE, on la presentadora continua amb una dicció perfectament «estandarditzada», completament centralitzada, si es vol.

Hi ha coses que no canvien. Recorde quan la presentadora Cristina García Ramos va començar en la televisió i tothom es va espantar perquè tenia un accent canari que no dissimulava o no aconseguia dissimular. Al final, es va acceptar la peculiaritat (o ella va moderar el seu accent diferencial), però va costar un debat intens.

El menyspreu de les varietats de l'espanyol i, més encara, de les altres llengües d'Espanya, és una constant. És cert que s'ha modificat significativament al llarg dels anys. Una bona mostra del canvi és l'existència de la «Asociación de Academias de la Lengua Española», que, a més de la Real Academia Española, incorpora vint-i-una acadèmies americanes i la filipina. Tot amb tot, hi ha un solatge d'intolerància, aconseguit amb anys d'educació (de mala educació) i de missatges llançats a través dels mitjans de comunicació indirectament i directament, que no acaba de desaparéixer.

Alguns de nosaltres encara guardem memòria del tractament de la diversitat lingüística en les aules de les acaballes del franquisme. La diversitat, tant dins de la llengua espanyola com pel que fa a les altres llengües que es parlen a l'Estat, era un fet entre estrany i molest que els llibres de *Lenguaje* recollien de maneres pintoresques. Però comencem per la qüestió prèvia de l'assignatura de *Lenguaje*. Efectivament, en aquella època (i ara també?), estudiàvem *lenguaje* o, en el millor dels casos, *lengua*; tant en un cas com en l'altre, es referien a la llengua espanyola. Dit d'una altra manera, la llengua per excel·lència és l'espanyol o castellà (que és tot u) i, a més, aquesta llengua s'equipara a la capacitat de comunicació humana, al llenguatge. Sota aquesta concepció universalista i monolingüística del castellà, no sorprenen fets com que, en els llibres de batxillerat, el tema de «El español de América» fóra el darrer, posició que sovint alternava, en dura competició, amb «Las lenguas de la Península Ibérica», les quals en algun moment fins i tot s'havien arribat a presentar com a dialectes del castellà. No hi ha de què sorprendre's: si el castellà és el llenguatge, tota la resta de llengües del món en són dialectes, no?

Aquesta concepció de la realitat lingüística es concretava en idees que, a gran trets, podem sintetitzar així:

a) Els espanyols van anar a redimir del seu salvatgisme els pobres indígenes d'Amèrica Central i d'Amèrica del Sud (dels desgraciats d'Amèrica del Nord, ja se'n van encarregar els anglesos, com ho demostren i ho intenten justificar les pel·lícules de l'oest). Els conqueridors –com que van guanyar no són invasors ni delinqüents–, els van cedir la seua religió i la seua llengua, que ells es van encarregar de modificar (corrompre?) amb usos tan «anòmals» com el «seseo» o l'ús dels pronoms *usted* o *vos* en comptes de *tu*. Per sort, hi havia la Real Academia Española que, en aquells temps, responia fidelment al lema «limpia, fija y da esplendor», igual com la policia dels Estats Units es dedica a la noble tasca de «to protect and to serve». La coincidència de les varietats americanes amb parlars com l'andalús o el canari, eren la mostra evident –segons aquestes teories– de la necessitat de controlar aquestes variants no cultes de l'espanyol de la Península.

b) Hi ha espanyols que, a més de parlar castellà («también dicho cristiano»), parlen a casa i en situacions poc importants altres llengües (català, basc, gallec). Un costum curiós, que en alguns casos fou motiu de càstigs físics i psíquics especialment en el marc de l'escola.

I «como muestra un botón». La *Nueva enciclopedia escolar. Periodo de enseñanza elemental. 2º grado*, que apareix sense data però que era utilitzada almenys a mitjans dels 60,[2] ens aclareix les idees en la primera lliçó del bloc de llengua, «Palabras y oraciones»:

---

[2] *Nueva enciclopedia escolar. Periodo de enseñanza elemental. 2º grado*, Burgos, Hijos de Santiago Rodríguez, 52a. edició, s/d.

Nuestro idioma es el *español* o *castellano*.

El idioma español o castellano es nuestro idioma oficial y el hablado por la mayoría de los españoles; pero en España se hablan otros dos idiomas: el *catalán* y el *gallego*. Y en algunas aldeas vascas se habla el *vascuence*, lengua antiquísima.

También se hablan varios dialectos, como el *andaluz* y el *bable*.[3]

El resum de la lliçó reblava el clau amb una definició que no té preu:

Idioma o lengua.– Idioma o lengua es la manera de hablar de un país.

El idioma que hablamos los españoles es el *español* o *castellano*. También se hablan en ciertas regiones el catalán, el gallego, el vascuence y algunos dialectos.[4]

La definició i el subsegüent aclariment, que anava en lletra més menuda, com els exemples, devia deixar alguns dubtes als pobres estudiants: si una llengua és la manera de parlar d'un país i Espanya és un país, com és que s'hi parlen més llengües i alguns dialectes? Els dialectes, ho són de les llengües que no parlem tots els espanyols (les llengües que són espanyoles, perquè són del mateix país, però no són l'espanyol) o del castellà o de totes?

Per sort la lliçó vint-i-tresena de geografia ens aclaria els conceptes. Es dedicava a tres temes centrals de la formació –religió, govern i llengua – i s'articulava entorn de la pregunta fonamental: «¿Sabéis qué cosas nos unen a los espa-

---

[3] Ibid., p. 91.

[4] Ibid., p. 92.

ñoles?». Després de parlar de la religió catòlica i «el pasado glorioso de España», s'afegia el tercer vincle: ens uneix la llengua, l'espanyola. Tot seguit, es repetia el que s'havia dit en la lliçó de llengua: «en algunas regiones, se suele hablar, en familia, otra lengua, como el *vascuence* en las Vascongadas, el *catalán* en Cataluña y el *gallego* en Galicia».[5] L'explicació inclou, però, una interessant ampliació sociolingüística: aquesta pràctica es feia només en família, en la intimitat, igual com va declarar molts anys després un important polític espanyol, referint-se a l'ús que, ell, castellà d'origen i de residència habitual, feia del català justament en terres de Castelló, a les Platgetes (*playetas* en versió no íntima). Mentre siga en la intimitat no hi ha perill.

El mapa lingüístic d'Espanya il·lustrava amb claredat l'exposició:[6]

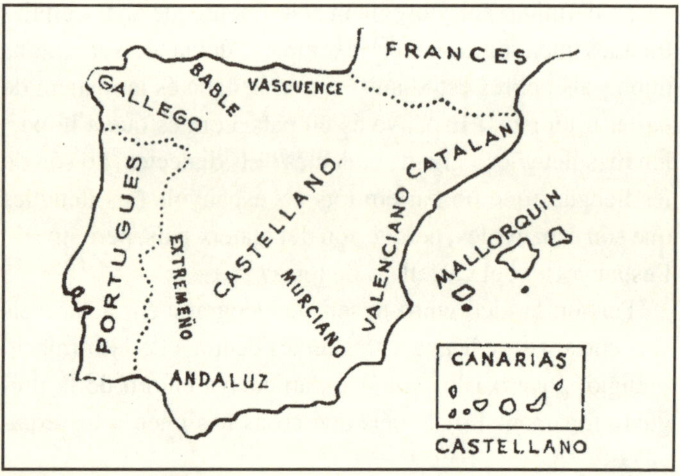

[5] Ibid., p. 293.
[6] Ibid., p. 294.

L'obsessió per l'espanyol com a element de patriotisme era constant i traspuava en llocs insospitats, com ara la definició de *diccionari* de la nostra *Enciclopèdia*:

> **Diccionario**.– El diccionario es un libro que contiene todas las palabras de nuestro idioma y lo que quiere decir cada una de ellas.

Si un diccionari només conté les paraules de «nuestro idioma», deu ser que les altres llengües no tenen diccionari.

En resum, l'única idea clara que es podia extraure d'un llibre com aquest és que l'idioma oficial d'Espanya és l'espanyol o el castellà. Sobre la resta de llengües i dialectes, informació contradictòria i parcial.

La diversitat lingüística era una nosa, un fet que s'amagava o, si no es podia amagar, es relegava sovint a la fi del temari, amb la seguretat que aquests temes en molts casos no s'impartirien o el mateix mestre, amb bon criteri, els eliminaria o reduiria, davant la preeminència de qüestions tan centrals en la formació com la història bíblica, l'accentuació i les equacions de primer grau o, més modernament, els tipus de fonemes, les funcions del llenguatge, les figures retòriques de pensament, la llista de les preposicions o la sinonímia.

I les preguntes que romanen obertes són: fins a quin punt tot això ha afectat les persones que ara com ara ensenyen?, i a la resta de les persones?, fins a quin punt aquesta situació ha canviat després de més de 25 anys de democràcia i d'una Espanya multilingüe sobre el paper constitucional?

LES LLENGÜES EN L'EUROPA COMUNITÀRIA

Fa uns quants anys vaig a anar a Amsterdam a un congrés dedicat a «Les llengües en l'Europa Comunitària». L'experiència va ser interessant des del punt de vista del plurilingüisme justament perquè la filosofia del congrés i el comportament lingüístic dels participants anaven en sentits oposats. L'elogi de la diversitat i el respecte mutu que semblava inspirar la trobada era contrari a l'esperit de molts dels que s'hi van congregar, que seguien la màxima: el respecte lingüístic es refereix exclusivament a la llengua que parle jo (o la que jo considere que cal parlar en cada situació).

La reunió científica comptava amb diverses seccions: ensenyament, planificació lingüística, terminologia... i llengües minoritàries. La distribució dels assistents a les comunicacions era més significativa que la voluntat de respecte i foment de totes les llengües que es plantejava en les exposicions: a la secció de llengües minoritàries, només hi anaven els especialistes de les llengües minoritàries; els de les llengües majoritàries no sentien cap interés per la situació sociolingüística d'aquestes llengües ni per la relació que mantenen minoritaris i majoritaris. Es podria pensar que la situació era bipolar i prou: grans contra menuts i selecció natural. Doncs, no. Entre les llengües majoritàries, hi havia una jerarquia clarament marcada: els especialistes de parla anglesa solien anar de manera exclusiva a les comunicacions en anglés; els especialistes de parla francesa anaven a les presentacions en francés i a alguna en anglés; els assistents que parlaven habitualment espanyol es repartien entre espanyol, francés i anglés. Els participants de les llengües minoritàries, en canvi, es distribuïen en totes les seccions, independentment de la llengua en què s'impartia la conferència. Tot això convivia amb ponències on es parlava de la importància d'un ensenyament plurilingüe als xiquets i de transmetre el respecte cap a les altres llengües.

El súmmum de la contradicció va arribar en la cloenda del congrés. Tots els congressistes estàvem reunits a la sala d'actes on dos dels organitzadors s'adreçaven al públic en anglés, encara que tots dos eren espanyols. En un moment donat, una persona del públic va fer una pregunta en francés. L'organitzadora, especialista en llengua francesa, de manera gairebé instintiva i natural es va adreçar a la persona en francés. Quan estava a mitja resposta, es va alçar, irat, un participant del públic que va reclamar que la resposta es féra en anglés, que era la llengua que entenien tots. Es va establir un acalorat debat que va centrar l'acte de cloenda. El fet és que aquella persona, que era un lingüista, se sentia atacat perquè en un acte que ell suposava que havia de ser en anglés, algú «s'atrevia» a parlar en francés. Des de la prepotència de qui parla la llengua internacional sense cap esforç, no se li va acudir que potser li aniria bé ser capaç d'entendre el francés (i el castellà, i l'italià i...) i que, en tot cas, era ell el qui s'havia d'avergonyir d'alguna cosa.

Els francòfons es van sentir insultats, és clar. No obstant això, no van reflexionar que ells sovint tenen la mateixa actitud. I és que els més intransigents lingüísticament solen ser els que més beligerants es tornen quan ell són situats en un segon nivell lingüístic, potser perquè estan acostumats a ser ells els que dominen, els que imposen la seua llengua.

I això em recorda un altre congrés internacional on els lingüistes hispanoparlants van fer una reunió d'urgència per analitzar el problema que plantejava el fet que no hi haguera comunicacions en castellà; la majoria eren en anglés i algunes, residualment, en francés. Tot i que un grup de nosaltres no pertanyíem a l'àrea de filologia espanyola, ens hi van convidar; com que veníem d'Espanya, mereixíem aquesta invitació. Un company nostre del departament de Filologia Espanyola –per tant, no suspecte de defensar teories «regionalistes»– va proposar que ens preguntaren a nosaltres què féiem en situacions on se'ns convidava a no utilitzar la nostra llengua de treball com a mitjà de comunicació entre especialistes d'altres procedències, tenint en compte que això era freqüent en el nostre entorn. Vaig respondre que nosaltres teníem el costum de parlar diferents llengües i entendre'n moltes més i que justament així intentàvem comunicar a la resta de gent que hi havia treballs interessants en llengües que ells no llegien (o no volien llegir) i sobre llengües que els semblaven de segon rang.

Com a conclusió de la reunió, va quedar clar que els hispanoparlants parlàvem i investigàvem sobre més d'una llengua i això es pot qualificar d'èxit en un món on l'esquema llengua dominant-llengua dominada es repeteix successivament i on el respecte per la diferència és més una postura convenient o una actitud demagògica que una norma de comportament generalitzada i assumida.

L'EUROPA DE LES REGIONS

«Ara que he aprés a dir pinícula, en diuen flim». La democràcia ens havia deslliurat de les regions de l'Espanya «una, grande y libre» i ens havia fet reconvertir-nos a les autonomies. Tota la geografia que havíem estudiat a l'EGB a «fer-los vindre» per obra de la democràcia. En fi, resignació. Ens aprendrem les comunitats autònomes, que divideixen regions de tota la vida (què se n'ha fet de Castilla la Nueva!) i creen comunitats històriques com la de Madrid. Molt bé; doncs, autonomia. Però la Unió Europea, la de Maastricht del 92, com els Jocs Olímpics, la que acabaria amb la pesseta i imposaria l'euro el 2002 amb l'alegria i l'aquiescència de tots els espanyols –tot i que no van tenir ocasió de votar si el volien o no, a diferència d'altres ciutadans europeus que avui es passegen sense euros a la butxaca–, la Unió Europea –deia– ens ha tornat enrere 25 anys i una altra vegada tenim les regions i les nacions, que són –és clar– la suma de les regions.

Des de fora, sembla que el projecte de la Unió Europea culmina amb la creació d'una unió política real (un sentiment nacional europeu?) que complemente una unió econòmica que havia d'assolir-se amb la moneda única. La idea de la unitat no és, però, tan fàcil. No només hi ha molts països europeus –i encara n'hi ha més que volen apuntar-se a l'invent–, sinó que, a més, els països tenen estructures administratives més reduïdes que, aprofitant l'anglés, s'han reunit amb el nom de *regió*. Que en cada país es diga diferent –autonomia, comtat, districte, Land, departament–, no hi fa res; que en anglés *region* no tinga el mateix significat que en castellà o en català (té un significat molt més general, corresponent més aviat a zona, espai delimitat) ni, encara menys, tinga les mateixes connotacions, tant fa. I així es torna a posar en primera plana les recordades *regiones* de temps anteriors!

Per a alguns, sentir parlar de «las regiones, la política regional», posa la pell de gallina perquè recorda poderosament el franquisme. Per a uns altres, en canvi, és signe de modernitat, d'europeisme. Ves per on!

Així, gràcies als aires de modernitat, l'Europa del segle XXI s'articula en tres nivells: l'europeu, el dels estats membres i el de les regions. L'europeu és el nivell comunitari; el de les regions, el regional; i el dels estats membres, l'estatal? No senyor: és el nacional.

I jo em pregunte: quan ens referim a la Unió Europea, parlem d'una estructura supraestatal (supranacional?) que integra els antics estats d'Europa per poder competir en peu d'igualtat amb països com els Estats Units? Potser parlem d'una imitació d'aquest país, imitació que s'ha convertit en una constant dels darrers decennis, com una conseqüència, una més, del resultat de la Segona Guerra Mundial? Potser parlem d'una mena d'estat federal i diem que l'estat federal està composat de nacions que inclouen regions?

El fracàs més gran de la Unió Europea –el repte de la construcció europea, si ho volem dir en termes positius i políticament correctes–, és la impossibilitat de crear un sentiment (nacional o supranacional) europeu. Com hem de ser nosaltres com els alemanys? Res a veure. Hi tenim a veure tan poc com amb un nord-americà. M'atreviria a dir que menys i tot, atés que, des de *Bienvenido Mr. Marshall*, ens emmirallem en el món nord-americà, en la imatge exterior que, orgullosos, projecten i que molts consideren l'ideal al qual cal tendir.

Anthony D. Smith, en un llibre sobre el nacionalisme,[7] fa una interessant reflexió en aquest sentit. Constata que un projecte polític com la Unió Europea troba moltes dificultats i ho atribueix al fet que la nació –si és que, com en dubtava Eugeni D'Ors, algú sap què és–[8] és «molt més tangible que les identitats supranacionals o globals més àmplies, per les quals advoquen els postnacionalistes».[9] Els projectes globals «manquen de mites, memòries i símbols unificadors» i, a més, «aquells que Europa podria sentir-se temptada de proposar són divisors o inacceptables, com ara la Cristiandat Catòlica o el Sacre Imperi Romà, o arrosseguen una càrrega de records amargs, com ara les tradicions europees de les revolucions o les guerres mundials».[10]

Però no cal ser sociòleg o historiador per a comprovar la inexistència d'un sentiment europeu mínimament tangible. No és gaire llunyana la final del Mundial de Futbol de Corea, al juny de 2002, que enfrontava Brasil i Alemanya. Eliminada Espanya (injustament, tot s'ha de dir, gràcies a l'actuació partidista de l'àrbitre a favor dels amfitrions, Corea), un país (una nació?) com el nostre, un país que vibra amb el futbol havia de posicionar-se. I ho va fer: a favor de Brasil i no d'Alemanya. Incomprensible. Brasil no és ni excolònia nostra! Ni «madre patria» ni «hispanitat» ni res que justifique aquesta presa de posició gairebé unànime.

---

[7] Anthony D. Smith, *La nació en la història*. Catarroja-València, Afers-Universitat de València, 2002.

[8] En l'article «Fuster, mesura de tot un país», signat per Juli Capilla (*El Temps* núm. 941, 2002), es recull la següent frase d'Eugeni d'Ors: «Ni Paul Valéry, ni el papa, ni vostè, ni jo, sabem què és una nació».

[9] Anthony D. Smith, op. cit., p. 110.

[10] Anthony D. Smith, op. cit, p. 110.

Però no som tots europeus? Jo crec que, per decret, com l'euro, haurien d'haver obligat els espanyols a donar suport a Alemanya. Com es poden concebre els crits d'alegria que acompanyaven els gols de Ronaldos i Rivaldos? Potser he oblidat que ells són com «espanyols»; durant anys han incrementat el seu patrimoni amb pessetes del Futbol Club Barcelona. I si hagués jugat Holanda contra Brasil? La fidelitat a entrenadors i jugadors hauria decantat la balança en un altre sentit? Ho dubte.

He de confessar que, a més de no agradar-me el futbol i de tendir a associar-lo amb molts dels mals relacionats amb la falta de respecte per la diferència i la pèrdua d'alguns valors ètics, només m'he sentit europea una vegada. Va ser als Estats Units. Feia una estada en una universitat d'allí i vaig fer amistat amb altres professors visitants europeus. La meua relació amb els nord-americans no era gaire intensa (ni les de la resta d'europeus que hi vaig conéixer). En les nostres converses de café, vam descobrir com ens assemblàvem alguns habitants de terres europees per contraposició als americans: major llibertat de pensament, sentit històric de la realitat, un gust i respecte per la diversitat... fets que, des del nostre punt de vista, reconeixíem entre nosaltres i trobàvem a faltar en els nostres amfitrions.

I és que els sentiments grupals es generen en gran mesura per contraposició. En un nivell general, la contraposició amb els Estats Units és impossible, ja que dominen l'economia, l'oci, la cultura, tot. No ens podem definir com a diferenciats si envegem el que ells –sota el filtre de pel·lícules i serials– tenen i ho convertim en una meta individual i col·lectiva. No és possible diferenciar-nos-en si els copiem, si en fem sovint males còpies transposant uns models sobre una base diferent.

L'Europa que se sustenta en una identificació grupal que supera les diferències respectant-les és encara molt llunyana; és potser una utopia o, més aviat, un producte mediàtic que serveix, justament, com a contrapés a les reivindicacions de les nacions sense Estat. D'aquesta manera es consoliden les estructures estatals donant-los carta de naturalesa, de naturalesa nacional, en una Europa redefinida però encara indefinida.

NACIONALISME: UNA PARAULA INDEFINIDA I REDEFINIBLE[11]

Nacionalisme és una paraula de gran actualitat des de fa uns anys, una mena de constant en els mitjans de comunicació de l'Estat espanyol, i especialment en la premsa diària, un mot d'aparició freqüent en les converses quotidianes. Pels contextos en què s'empra aquest mot, hom pot deduir que la major part de canvis que s'estan produint vertiginosament en la vella Europa tenen una relació més o menys directa amb aquest concepte, abstracte, difús, i de vegades usat amb fortes connotacions. No vull fer –ni estic en condicions d'altra banda– una anàlisi històrica del tema. Com a lingüista que sóc i persona amb curiositat per l'ús del llenguatge, m'agradaria escriure algunes reflexions sobre la profunda paradoxa que es produeix entre la definició del terme i l'ús que se'n fa en alguns àmbits, de vegades deliberadament subjectiu i fins i tot manipulador.

Si mirem al diccionari la definició del terme, trobem el següent: «Actitud política derivada directament del fet d'atribuir en un terreny ètico-polític, un valor altíssim al fet nacional o a la nació» (*Gran Enciclopèdia Catalana*).

La idea important d'aquesta definició és el concepte de *valor*. Estem en el terreny de la valoració i, per tant, de la subjectivitat. És curiós constatar de quina manera se sol plasmar aquesta subjectivitat en l'ús del terme *nacionalisme*. En l'actualitat, quan hi ha un conflicte territorial, només són nacionalistes els qui representen la minoria. Així, és

[11] Versió d'un article publicat a la revista *Lligam*, del Centre Josep Carner de Brussel·les, l'any 1995 (escrit a febrer del 95).

nacionalista la minoria txetxena, però sembla que no ho és la majoria russa, cosa sorprenent si ens remetem a la definició inicial del terme. Tant els uns com els altres semblen donar un valor altíssim al fet nacional, fins al punt que totes dues bandes estan disposades a esmerçar-hi vides humanes, entre altres coses. El punt clau que desfà la paradoxa és que el concepte de nació que inspira la lluita dels uns i dels altres no és coincident.

La disparitat en la interpretació del mot s'aparella amb l'aplicació de marques valoratives a les paraules relacionades amb aquesta qüestió. No hem d'oblidar que hi ha una forta relació axial que relaciona el mot «minoria» amb la idea de «negatiu» i, per contra, el mot «majoria» amb la idea de «positiu» (al capdavall, aquesta és la base de la noció de democràcia, no?). D'aquesta manera, per un simple procés d'equació matemàtica, les minories que volen veure respectats els seus drets, la seua especificitat, són nacionalistes i «nocives». En canvi, les majories que pretenen imposar-se als altres per la força, no són «nacionalistes»; actuen en defensa dels suposats valors «positius».

El més sorprenent és que molta gent sembla no recordar que les majories més opressores de la nostra història recent es declaraven «nacionals» i mataven en nom d'una suposada «nació», que procurava incloure com més territori millor. O potser sí que ho recorden, però obvien el fet que es tractava d'una majoria opressora i no d'una minoria que demanava respecte.

I és que en aquest món, on es proclama a tort i a dret l'ideal de l'Europa unida, la reivindicació d'una unió que no vaja en detriment dels drets i les diferències dels pobles només s'accepta si s'aplica a les nacions amb estat. Encara més, alguns acaben per esgrimir precisament aquesta idea de federació d'estats en contra del «separatisme», aparentment indissociable dels nacionalismes.

El fet de considerar com a «nacionalistes» únicament les minories condueix a una contradicció profunda i de difícil solució, vist que objectivament la lluita «nacional» no és més que una confrontació entre dues concepcions diferents de nació. En els mitjans de comunicació sovint resolen la contradicció afegint un adjectiu al mot que ens ocupa, i així es parla de *nacionalisme exacerbat* (o *excloent*), el qual s'oposa a un «nacionalisme» a seques, que és el d'aquelles minories que accepten de manera més o menys resignada la seua situació. La mateixa concepció es projecta en el nivell lingüístic. Les comunitats lingüístiques bilingües són acceptables, sempre que la llengua forta siga la de l'estat. Fins i tot s'arriba a reivindicar aquesta posició com a democràtica i tolerant respecte a les minories lingüístiques. Ara bé, les comunitats on conviuen dues llengües són condemnables i durament condemnades si reivindiquen un monolingüisme on la llengua triada corresponga a la que no té un estat. Es perpetua la concepció del bilingüisme unidireccional: els qui parlen la llengua sense estat han de ser bilingües, encara que el seu territori siga tradicionalment monolingüe; els qui parlen la llengua de l'estat poden ser monolingües i ignorar sense problemes la llengua pròpia del territori on viuen.

En els mitjans de comunicació, marcats per la necessitat de dir el màxim d'informació en el mínim temps possible, el sintagma «nacionalisme exacerbat» aviat s'ha vist reduït novament al nom «nacionalisme». Com que, des de la perspectiva majoritària, el nacionalisme és per definició exacerbat, es pot elidir l'adjectiu (i només posar-lo en casos d'extrema necessitat, per a marcar amb virulència la negativitat del terme). Com a contrapartida, en l'ús habitual, no es denomina nacionalisme a la concepció geopolítica dels grups humans que no han de reivindicar el seu fet «nacional» perquè tenen un estat, cosa que fa redundant el concepte ambigu de «nació». Seguint aquesta línia de raonament, resulta, doncs, que quan es té un estat, ja no s'és nacionalista.

Amb aquest subtil procés de redefinició, el nostre mot es veu inexorablement marcat com a negatiu (el nacionalisme és una anomalia, que condueix a la violència i a la destrucció). I per a il·lustrar aquest fet, hi ha múltiples exemples històrics, com el de l'ex-Iugoslàvia i l'ex-URSS, o de conflictes que tenim a l'Estat espanyol. Encara més, la creació i recreació lèxica dels (de)formadors de l'opinió pública ha arribat a encunyar un nou substantiu a partir de la cruenta guerra dels Balcans: es parla amb naturalitat de *balcanització* (en sentit pejoratiu, no cal dir-ho) i s'aplica a terrenys inversemblants: en l'acte de lectura d'una tesi doctoral sobre l'educació al Castelló de la Segona República, un membre del tribunal va comentar que aquesta mena d'estudis podien conduir a la «balcanització». Sí, senyors, fer una tesi sobre l'estat de l'educació en una «província», en lloc d'ocupar-se de l'educació a l'*Estado,* és balcanització, segons certes persones.

No és difícil d'entendre que, per extensió conceptual, els nacionalismes que encara no s'han manifestat com a violents (els «no exacerbats»), s'entenguen com a potencialment perillosos i, per tant, s'arribe a la conclusió lògica que cal controlar-los o millor eliminar-los, passant pels diferents estadis del desprestigi, la difamació més oberta i la manipulació informativa.

El discurs del nacionalisme, en boca dels pretesos «no nacionalistes» (que, òbviament, són els més «nacionalistes», en el sentit que no només volen reivindicar la seua concepció nacional sinó que la volen imposar als altres) està deliberadament viciat i és perillosament manipulat. S'ha creat un conjunt de connotacions lligades a la negativitat (separatisme, mort, destrucció, anormalitat) que subjectivitzen els discursos i els marquen amb una tendenciositat més o menys encoberta. I com més encoberta, més temible. Inunda les planes dels diaris, els discursos de molts polítics i les converses de cafè.

Al capdavall, la història l'escriu qui guanya, que no debades és o esdevé ràpidament la majoria. Sempre ha estat així. I entre els privilegis d'aquesta majoria hi ha el poder quasi diví de canviar el significat de les paraules, que no és altra cosa que el poder de redefinir la realitat, de convertir en «veritat» el que no és més que una opinió, una de les possibles percepcions d'una realitat complexa i polimòrfica.

LA NACIÓ EN LA HISTÒRIA

Anthony D. Smith em permetrà que li manlleve el títol del llibre que l'editorial Afers i la Universitat de València han publicat recentment i que el faça servir com a encapçalament d'aquest apartat en què justament comentaré alguns aspectes que més m'han interessat de l'obra. He de dir, primer de tot, que es tracta d'un estudi que, entre l'erudició i la divulgació, ens situa en la història del concepte de nació i ens presenta diferents tendències teòriques en el tractament acadèmic del tema (perspectiva modernista, corrent perennalista, construccionisme social, enfocament etnosimbòlic). Apuntaré també que crec que el senyor Smith no és gaire partidari del «nacionalisme» i que en el seu llibre, teòricament acadèmic, no manquen comentaris valoratius sobre la qüestió que tracta.

Dit això, no es pot negar l'interés de la informació que ens proporciona. En l'actualitat, al lector i televident poc expert en el tema, li pot semblar que el nacionalisme és un fet recent relacionat amb la caiguda del mur de Berlín. Amb sort, li pot sonar allò del «nacionalsocialisme» o, si és una mica cultivat, pot recordar que el Romanticisme, en el ja una mica més llunyà segle XIX, implica la reivindicació dels nacionalismes per part dels intel·lectuals. I poc més.

Com indica Smith, a banda del corrent perennalista, que reivindica la naturalesa transhistòrica del nacionalisme i segons el qual el concepte de nació i de nacionalisme és molt antic i constant sota diferents formes, la majoria de corrents parlen del nacionalisme com un fet vinculat a la modernitat, una modernitat que, en termes històrics, no és gaire recent, però. Es parla del tractat de Verdun (any 843) com el que va traçar les divisions que serien a la base de l'Europa occidental, i del tractat de Westfalia (1648), que dóna lloc als estats nació. El nacionalisme es relaciona també amb la industrialització; segons Hobsbawm,[12] l'era del nacionalisme comença cap al 1830. És aquest un nacionalisme de nacions grans que, en paraules d'Smith atribuïdes a Hobsbawm, es pot definir com «un nacionalisme polític i democràtic de masses, inclusiu». Aquest s'oposa a una segona modalitat, sorgida a partir de 1870: «un nacionalisme divisor, etnolingüístic i sovint de dreta, propi de nacions petites».[13]

Per tant, el nacionalisme és un fet antic, potser molt antic o fins i tot inherent a l'organització humana una vegada va superar un llindar de quantitat de gent que forma part d'una comunitat i que, com a tal, s'interrelaciona i es comunica. D'altra banda, hi ha dos tipus de nacionalisme: el «bo» i el «roí», que se solen presentar amb etiquetes més tècniques, com ètnic i cívic, divisor i inclusiu, o, com déiem abans, no exacerbat (no nacionalisme) i exacerbat o excloent.

Hi ha dos fets històrics que contribueixen a carregar de connotacions negatives el nacionalisme: el nazisme (nacionalsocialisme, en versió llarga) i els canvis que s'han produït a Europa amb la fi de la Guerra Freda. Smith recorda les paraules d'un altre estudiós del tema, John Dunn: «El nacionalisme és la vergonya política més gran del segle XX,

---

[12] E. J. Hobsbawm, *Nations and Nationalism since 1780*, Cambridge, Cambridge University Press, 1990.

[13] Anthony D. Smith, *La nació en la història*. Catarroja-València, Afers-Universitat de València, 2002, p. 82.

la taca de majors conseqüències, més problemàtica i, tanmateix, imprevista de la història política del món des de l'any 1900». I Smith hi afegeix:

> Però, just quan escrivia aquestes paraules, el reviscolament ètnic dels neonacionalismes perifèrics a Occident havia mostrat ja al llarg d'una dècada la seua vitalitat i aviat s'hi afegiria el dramàtic ressorgiment dels nacionalismes ètnics a Europa oriental i l'antiga Unió Soviètica. El resultat de tot plegat en seria no sols una forta tirada popular a redescobrir el nacionalisme, en substitució d'un comunisme ja obsolet, sinó també un renovat, tot i que cautelós, interès acadèmic per la qüestió del nacionalisme i àdhuc per la concepció ètnica de la nació.[14]

En el mateix sentit, les següents paraules de l'autor són ben eloqüents i no demanen gaires comentaris:

> [...] després dels excessos de la Segona Guerra Mundial i de la confrontació de la Guerra Freda, la dimensió que han pres les grans forces globalitzadores –unitats econòmiques transnacionals, grans blocs de poder, organitzacions internacionals, migracions massives, i comunicacions de masses– ha soscavat l'eficàcia de l'estat nació i ha fet obsoletes les seues fronteres, a desgrat de la proliferació temporal de nacionalismes ètnics divisors. En aquestes condicions, podem començar a celebrar la superació del nacionalisme.[15]

I és que Smith es mou entre l'hostilitat a un nacionalisme que segurament no identifica amb el de la seua «nació» (pressumiblement Gran Bretanya), i l'acceptació

[14] Anthony D. Smith, op. cit., p. 34.

[15] Anthony D. Smith, op. cit., pp. 83-84.

com a fet innegable del que ell qualifica com «una de les realitats centrals del món modern: un món de nacions complexes, impulsades per nacionalismes que han fusionat l'aspiració de sobirania i de participació popular amb un desig molt estès de pertinença íntima a una comunitat cultural històrica». I conclou: «Des del meu punt de vista, humanitzar i equilibrar aquests desitjos és molt millor que tractar de suprimir-ne un en benefici d'un altre o de negar-los tots en nom d'algun ideal cosmopolita abstracte».[16]

Com a lectora, em resulta difícil conciliar declaracions com aquestes; em costa donar sentit a una frase com «podem començar a celebrar la superació del nacionalisme», si tenim en compte de quina manera el mateix autor ha definit nació i nacionalisme a l'inici del seu llibre:

> Amb el terme «nació» entenc una població humana designada que ocupa un territori històric o terra pairal i que comparteix mites i records comuns, que té una cultura pública i massiva, una economia pròpia, i drets i deures comuns per a tots els seus membres.[17]
>
> Amb el terme «nacionalisme» entenc un moviment ideològic que es proposa l'assoliment i el manteniment de l'autonomia, la unitat i la identitat d'una població que alguns membres consideren que constitueix una *nació* real o potencial.[18]

Què hi ha de negatiu en conceptes, com el de nació i nacionalisme, que són històrics i «naturals»? I què hi ha de

[16] Anthony D. Smith, op. cit., pp. 47-48.
[17] Anthony D. Smith, op. cit., p. 20.
[18] Anthony D. Smith, op. cit., p. 20.

bo en «les grans forces globalitzadores –unitats econòmiques transnacionals, grans blocs de poder, organitzacions internacionals, migracions massives, i comunicacions de masses», que Smith identifica com a antídots perfectes al nacionalisme? I per què el nacionalisme de les nacions grans (o siga, de les nacions amb estat) no és nociu, és inclusiu o fins i tot no és ni nacionalisme, i el de les nacions menudes (o siga, sense estat) és nociu i excloent, això sí, fins que aconsegueixen un estat? Per què la divisió de Txecoslovàquia en Txèquia i Eslovàquia no es relaciona amb el nacionalisme? Potser perquè no fou exacerbat, excloent, assassí com el conflicte dels Balcans o el de Txetxènia? No han estat aquests conflictes el resultat d'un altre nacionalisme, en algun cas potser llunyà geogràficament, un nacionalisme que és més aviat imperialisme?

El fet que el nacionalisme, com tants altres conceptes, s'utilitze per a justificar invasions, guerres i atrocitats, no és raó suficient perquè s'equiparen tots els nacionalismes de les nacions sense estat ni perquè els nacionalismes de nacions amb estat queden exclosos automàticament del punt de mira dels autodefinits com a no-nacionalistes (o antinacionalistes).

I quin lloc té el nacionalisme valencià en aquest panorama global? En la meua opinió, té un lloc estret i fosc. Com diu Adolf Beltran, el sentiment diferencial valencià, enmig d'una societat amb poca cohesió social, es caracteritza per estar amenaçat «de dissolució en el context de l'estat centralista», i això s'ha produït «des de dos fronts bàsics: el provincianisme (és a dir, l'assumpció del caràcter subaltern i prescindible de la pròpia cultura), i el provincialisme (que no era una altra cosa que la fragmentació del territori en tres províncies i la promoció consegüent d'ideologies distanciadores)».[19]

El fet és que el sentiment espanyol té més força a terres valencianes que el sentiment valencià. Com indica Adolf Beltran fent referència a una enquesta, «hi ha més ciutadans que diuen sentir-se només espanyols o més espanyols que valencians (un 11,2% i un 20,3%) que només valencians o més valencians que espanyols (un 2,4% i un 15,1%)».[20] En el mateix sentit es manifesta Gustau Muñoz:

> Les enquestes que tracten d'esbrinar els sentiments d'adscripció nacional de la població solen dir que hi ha més espanyolisme al País Valencià que a Castella-La Manxa, un fet que intriga lògicament els sociòlegs suspicaços. (No indica això que hi falla alguna cosa, a les enquestes o a la societat?). [21]

[19] Adolf Beltran, *Els temps moderns. Societat valenciana i cultura de masses al segle XX*, València, Tàndem, 2002, p. 193.

[20] Adolf Beltran, op. cit., p. 265.

[21] Gustau Muñoz, *A l'inici del segle. Un dietari de reflexions*, València, Tres i Quatre, 2002, p. 180.

El que podem denominar sentiment identitari valencià es mou entre dos models en pugna, que Vicent Soler, referint-se a l'època de la transició democràtica, defineix així:

> [...] l'Espanya plural i l'Espanya uniformista, que traduït al valencià vol dir un futur democràtic amb un autèntic autogovern o un futur on les noves institucions valencianes que preveia la Constitució no tingueren un paper més gran que el d'unes diputacions (provincials) ampliades.[22]

En efecte, la concreció nacional valenciana –aleshores i encara ara– s'ha perfilat entre un nacionalisme d'esquerres, dèbil i poc articulat, i un «regionalismo bien entendido», promogut per la dreta local i aplaudit per la dreta estatal. La lletra de l'himne expressa clarament l'abast d'aquesta segona versió del sentiment valencià: «per a ofrenar noves glòries a Espanya».

En el seu llibre *Roig i blau. La transició democràtica valenciana*,[23] Alfons Cucó ens explica de manera clara i detallada el procés històric que va donar lloc al valencianisme regionalista. El valencianisme regionalista es remunta a l'època de la Segona República. Com apunta Cucó, sorgeix «a començaments de segle com a reacció a un pensament –el pensament valencianista, encara embrionari– alternatiu al model nacional castellà, tradicionalment hegemònic entre els valencians pràcticament des de la crisi

[22] Vicent Soler, «Una transició historiada», *El País*, *Quadern* 199, 9 de maig de 2002.

[23] Alfons Cucó, *Roig i blau. La transició democràtica valenciana*, València, Tàndem, 2002.

nacional del Barroc».[24] Els principals representants d'aquesta actitud, que anava acompanyada d'una oposició oberta contra la llengua del país, van ser els membres del partit republicà de Blasco Ibáñez. Quant a la llengua i la cultura pròpies, el blasquisme coincidia amb «els sectors dominants, històricament castellanitzants, que tendien a desterrar-les del debat públic, despullades de la noblesa de les qüestions serioses i confinades en l'espai del folklore, la festa, les efusions sentimentals o els costums d'anar per casa».[25] Aquesta línia de pensament i d'actuació ha perdurat des d'aleshores sota diferents signes polítics vinculats a la dreta valenciana.

L'arribada de la democràcia, la preparació de l'estat de les autonomies, posa en marxa una «valencianització» que, per a molts, es feia a contracor. De fet, la sobtada valencianització de molts partits polítics des dels inicis de la transició era «no solament epidèrmica, sinó, en determinats casos, estrictament verbal», i promoguda pel fet que, en aquell moment, la defensa del centralisme «anava contra corrent i podia comportar elevats costos electorals».[26]

La UCD de Fernando Abril Martorell, valencià de naixement resident durant anys a Segòvia, va convertir definitivament el «regionalismo bien entendido» propugnat per Emilio Attard en anticatalanisme.

Segons el psicòleg Vicent Bello, l'anticatalanisme es pot considerar «"la síntesi política entre l'espanyolisme rabiós i el xovinisme regionalista": "el franquisme que ha transmu-

[24] Alfons Cucó, op. cit., p. 17.
[25] Adolf Beltran, op. cit., p. 39.
[26] Alfons Cucó, op. cit., p. 64.

tat la camisa blava en hàbit de fallera", i que converteix la qüestió nacional en regional; la regional, en tipisme folklòric, i el folklore en aportació autòctona a la *madre patria*».[27] I així és com «l'anticatalanisme valencià esdevé una especificitat del nacionalisme espanyol. L'anticatalanisme esdevé, en definitiva, l'arma més eficaç –per confusionista– contra el valencianisme».[28]

La lluita anticatalanista –o, millor dit, antivalencianista– es va concretar en tres elements simbòlics: la llengua, el nom del país i la senyera. Llengua valenciana, Regne de València i senyera amb blau identifiquen una ideologia, el *blaverisme*, que prendria forma de partit polític consolidat amb Unió Valenciana. Aquestes són les «señas de identidad que acreditan que nuestra Comunidad Autónoma se va a constituir en forma de un sano regionalismo que convive pacífica, armónica y entusiásticamente con el resto de España», en definició magistral d'Abril Martorell.[29]

Tanmateix, en aquell moment la posició de la societat no era gens clara. A partir de dades de 1978, Adolf Beltran afirma que, durant la transició, «els signes identitaris no estaven, ni de lluny, clarament definits en l'imaginari col·lectiu dels valencians».[30] Per exemple, segons l'enquesta encarregada pel Consell Preautonòmic a l'agència Consulta, el 41% dels enquestats preferia la denominació «País Va-

[27] Vicent Bello, *La pesta blava*, València, Tres i Quatre, 1988, pp. 42-43. *Apud* Alfons Cucó, *Roig i blau. La transició democràtica valenciana*, cit., p. 77.
[28] Vicent Soler, «Una transició historiada», *El País*, *Quadern* 199, 9 de maig de 2002.
[29] *DSCD. Comisión Constitucional*, núm 57, 29 de desembre de 1981, p. 2735. *Apud* Alfons Cucó, op. cit., p. 107.
[30] Adolf Beltran, *Els temps moderns. Societat valenciana i cultura de masses al segle XX*, cit., p. 214.

lencià», el 21% es decantava per «Regió Valenciana», el 17% triava «Regne de València», el 9% «València», el 4% «Llevant» i el 2% «Països Catalans».[31] L'enquesta es basa només en 1491 entrevistes, però, com diu Beltran, ens pot aproximar a la situació d'aquell moment; en tot cas, permet concloure que «es tractava, sens dubte, d'un terreny propici per a la manipulació».[32]

Amb l'aprovació de l'Estatut, les posicions regionalistes prenen força. Es rebutja la denominació País Valencià, que la mateixa UCD (amb el Reial Decret-llei 10/1978, de 17 de març, signat pel rei i per Adolfo Suárez) havia convertit en denominació preestatutària oficial, i s'hi oposa l'anacrònica denominació de Regne de València, que no prospera pel fet que entra en contradicció amb l'altre Regne, el d'Espanya. S'imposa la senyera amb blau enfront de les quatre barres amb un escut específic, la qual havia assolit oficialitat el 1979 amb el govern preautonòmic, en consonància amb la quatribarrada que havia identificat els valencians durant segles, igual com a la resta de territoris de l'antiga Corona d'Aragó. El tercer front de lluita fou la llengua. També en aquest punt l'esquerra va cedir com a part del pacte estatutari: «es va declarar oficial el valencià al costat del castellà, sense explicitar que es tracta d'una variant de la llengua catalana, la qual cosa va establir una hipoteca de transcendència que ha permés l'activisme anticatalanista seguir atiant una polèmica que encara empudega la vida col·lectiva dels valencians».[33]

[31] Adolf Beltran, op. cit., pp. 212-213.
[32] Adolf Beltran, op. cit., p. 214.
[33] Adolf Beltran, op. cit., p. 235.

Una vegada negats i substituïts els símbols històrics propis –i, amb la consegüent obstaculització del nacionalisme propi–, la imposició d'un nacionalisme forà, del nacionalisme espanyol, no va tenir obstacles. Així ho va entendre la dreta en aquell moment; així ho continua entenent la dreta actual.

Les paraules de Fuerza Nueva ho deixen més clar que qualsevol comentari que es puga fer:

> sin el árbol que nos tape el bosque, sintiéndonos auténticamente valencianos, y por ello profundamente españoles, repudiamos las cuatro barras que sin azul nos quieren imponer como barrotes de una celda antivalenciana y calificamos de delito de lesa Patria todo aquello que suponga un atentado a la unidad de España como nación de los españoles, así como todo aquello que tienda a desvirtuar la auténtica y profunda personalidad de los pueblos que la componen.[34]

Però deixant de banda el debat sobre el nacionalisme valencià, el fet és que, en aquest context, la llengua s'ha convertit, com diu Beltran, en «autèntic *casus belli*».

> El secessionisme de la llengua catalana, amb la defensa d'un idioma valencià independent, que mantenien i mantenen encara avui amplis sectors de la dreta autòctona, era el correlat d'una postura involucionista, de tancament del país sobre si mateix, antimoderna en el pla cultural, polític i social.[35]

---

[34] *Las Provincias*, 24 de maig de 1980. *Apud* Alfons Cucó, *Roig i blau. La transició democràtica valenciana*, cit., p. 124, nota 201.
[35] Adolf Beltran, op. cit., p 225.

La polèmica de la llengua es relaciona una vegada i un altra amb l'amenaça al nacionalisme espanyol, enverinant una qüestió que, en una situació normal, no admetria debat. Barrejar lingüística i política és una estratègia que perjudica la llengua i beneficia interessos polítics de persones i grups que no demostren una autèntica voluntat de defensa del valencià com a vehicle de comunicació normal. Associant la llengua al nacionalisme «excloent», s'aconsegueix dificultar que el valencià avance normalment i puga aspirar mai a utilitzar-se en peu d'igualtat amb el castellà.

LLENGUA I NACIONALISME

Una de les línies argumentatives adduïdes per a desvincular el valencià de la llengua catalana es relaciona amb l'associació entre llengua catalana i nacionalisme català. Aquesta associació s'expressa i s'explota des de diferents punts de vista, diferents concepcions del nacionalisme i interessos concrets. No seré jo qui negue la relació que hi ha entre el fet lingüístic i la consciència d'una comunitat nacional diferenciada. Però aquesta relació no és ni de bon tros biunívoca. No oblidem que els Estats Units comparteixen llengua amb Gran Bretanya o Austràlia i, en canvi, tenen clara una identitat política i un sentiment nacional diferenciat, per més que tinguen arrels històriques comunes. Encara més, els irlandesos han substituït la seua llengua, el gaèl·lic, per la llengua «invasora», l'anglés. Tanmateix, el seu sentiment nacional diferenciat és conegut a Irlanda del Nord. En la superfície d'aquest conflicte trist i complex, la religió és el símbol diferencial i no la llengua.

A les nostres terres, en canvi, interessa relacionar llengua i nacionalisme: interessa als defensors dels nacionalismes sense estat i als defensors del nacionalisme amb Estat (espanyol). Els nacionalistes sense estat esgrimeixen la llengua com a fet diferencial, que ho és. Els nacionalistes amb estat ho aprofiten per a evitar associacions poc convenients, com la que es podria derivar d'una hipotètica –i, en la meua opinió més que improbable– unió política de les comunitats de llengua catalana (Països Catalans, en denominació propugnada per Joan Fuster). Interessa, doncs, promoure, d'una banda, el desprestigi dels «nacionalismes» de l'Estat espanyol i, d'altra banda, l'enfrontament entre estructures administratives que comparteixen llengua. Del desprestigi, se n'encarreguen polítics i mitjans de comunicació propiciant la identificació entre nacionalisme i terrorisme. De l'enfrontament, són responsables i benificiaris principals els polítics, que l'utilitzen com a mitjà per a fer-se un lloc en l'espectre polític del seu àmbit d'acció o per impedir que un altre grup ho faça; es tracta de fer bandera d'un nou «dret» democràtic: el dret a la llengua pròpia com a llengua exclusiva i excloent (ara sí). Si som una autonomia, per què no podem tenir una llengua pròpia, o siga, diferent?

En el cas del País Valencià (estatutàriament, Comunitat Valenciana), el nacionalisme, «regional» o «catalanista», com a espai polític ha estat cobejat per diferents sectors polítics, de signe oposat. Fa uns anys, dos partits descobriren l'interés de ser un partit-frontissa basat en el nacionalisme «valencià»: Unió Valenciana, per la dreta i amb el suport d'empresaris, i Unitat del Poble Valencià (ara Bloc Nacionalista Valencià), per l'esquerra i amb el suport d'intel·lectuals. Els primers van definir el nacionalisme valencià com a oposat al «català». Els segons van intentar vincular-lo al projecte dels Països Catalans, però en vista de la volada que prenia l'anticatalanisme ferotge a l'Estat espanyol i l'espai que s'obria el «valencianisme folklòric», han redefinit el projecte i han intentat presentar-se com a «valencianistes de veritat» (per tant, més distants del catalanisme, almenys de cara a l'electorat). Els uns i els altres semblen mirar amb enveja la Convergència i Unió de Jordi Pujol, partit admirat i justament per això denostat, com qui mira un somni que ells voldrien protagonitzar. En aquest joc de minories, els partits majoritaris –el Partit Popular i el Partit Socialista del País Valencià/Partit Socialista Obrer

Espanyol– es presenten com a partits de dimensió nacional (és a dir, espanyola) i es mostren (o disfressen) davant el poble com a moderats, centristes, i ho fan sovint com a estratègia per mantenir el poder a qualsevol preu. Així, en sintonia amb la realitat creada pels poders fàctics, es posicionen cada vegada més clarament en l'espanyolisme i, com a conseqüència, en l'anticatalanisme, que entre Vinaròs i Guardamar del Segura ha adoptat la forma de la «valenciania» de falla diària i paella dominical.

La novel·la *Societat limitada* de Ferran Torrent –eloqüent títol– ens dibuixa a grans trets aquest panorama des de la barrera de la ficció:

> Tots dos entraren a l'activisme polític cap al final del batxillerat, amb dèsset anys, coincidint amb la transició democràtica a l'Estat espanyol. Des d'un bon principi, Petit ho féu amb vehemència en un món certament complex, com ho era el del seu país, i no menys voluntarista que la seua nació adoptada d'aleshores: els Països Catalans. Nacionalista irredempt i, d'acord amb les influències polítiques de l'època afegides a la seua joventut, extremament d'esquerres, pul·lulava en allò que alguns denominaven el nacionalisme cultural, en realitat el pancatalanisme, per ser més exactes una entelèquia intel·lectual que dividí la societat valenciana en dos bàndols: els espanyolistes disfressats d'oportunisme regionalista que ells denominaven «valenciania», i el altres, és a dir els valencialistes vocacionals, anomenats «catalanistes» pels anteriors. Al bell mig un sector important de la societat desorientat.[36]

Ferran Torrent ens presenta així dos dels protagonistes de la seua novel·la *politicopolicial* –o de política-ficció. Es

[36] Ferran Torrent, *Societat limitada*, Barcelona, Columna, 2002, p. 33.

tracta de Francesc Petit i Vicent Marimon, el secretari general i el secretari de finances d'un partit polític denominat Front Nacionalista Valencià, oposat a Unitat Valencianista. El partit pugna per un petit espai en les properes legislatives respecte als dos grans partits, el Partit Conservador, en aquell moment en el govern, i el Partit Socialista, principal partit de l'oposició.

És una ficció; ens ho indica clarament un advertiment al lector previ a l'inici de l'obra: «Encara que semblen reals, els personatges d'aquesta novel·la són de ficció».

A FUSTER, DE FUSTER

Rellegir Fuster és sempre un descobriment o un redescobriment, és l'experiència de furgar en la nostra memòria i comprovar l'erosió que el temps causa a les idees, als principis, als fets que créiem assolits i gairebé invariables.

Un dels escrits inclòs en una recopilació de textos de Fuster, correspon a una intervenció que l'intel·lectual va fer amb motiu de la commemoració dels cinquanta anys de la publicació de la Gramàtica de l'Institut d'Estudis Catalans, escrita per Pompeu Fabra el 1932.

> Ara, cinquanta anys després, tota la nostra àrea lingüística, sense excepció, reconeix la vigència absoluta de les «Normes» de Fabra. Ha estat una progressiva aquiescència explícita, sense ajudes oficials, sense coaccions de cap mena, per pura convicció. I aquesta batalla, en la qual som vencedors nosaltres mateixos, ens proporciona un baluard inexpugnable.[37]

Vint anys després d'aquestes paraules, deu anys després de la seua mort, em pregunte què diria Fuster de la situació actual. Ara, els defensors de les «Normes» de Fabra són considerats extremistes, per relació al just punt mitjà aristotèlic que els polítics i altres persones han definit com a situació òptima. El consens, la moderació, l'esperit pactista... Conceptes convenientment buidats de significat que sovint amaguen interessos i, en altres casos, bona fe, que, tanmateix, justifica accions i omissions que em semblen injustificables.

[37] Joan Fuster, *Escrits sobre la llengua*. Introducció i selecció de textos a cura de Marisa Bolta i Toni Mollà, València, Tàndem, 1994, p. 15.

A principis dels vuitanta, vaig començar a estudiar Filologia a la Universitat de València. Venia de Barcelona i, encara que tota la vida havia fet estades periòdiques a València i sóc, com ja he dit, de família valenciana, el meu accés a la llengua dels meus avis s'havia fet a Barcelona. Només morir Franco, el 1975, el català va entrar a la meua escola. En poc més de mig any vam tenir classes de català i, pocs anys després, algunes de les classes –llatí, història...– es feien en català. El canvi es va fer amb una normalitat que, de València estant, deu semblar insòlita per a l'època. En una escola on la meitat de l'alumnat era de família emigrant i castellanoparlant, el canvi es va acceptar com una cosa absolutament normal. Cap veu en contra. Normalitat absoluta. Els professors que volien fer la classe en català, de manera natural, la feien, i els alumnes, que primer preníem apunts en castellà –el costum–, aviat ens vam adonar que era una pèrdua d'energies innecessària.

Vaig arribar a València i vaig iniciar la carrera de Filologia. Dins del pla d'estudis del 79, en el primer curs de Filologia hi havia la matèria «Gramàtica normativa valenciana I». Com esperava, consistia en l'abc de la llengua catalana; ortografia i morfologia, fonamentalment. Per a mi, eren continguts moltes vegades estudiats, a diferència del que implicava per a alguns dels meus companys, que no havien estudiat mai valencià o ho havien fet de manera poc seriosa. Durant sis cursos havia pogut aconseguir una formació sòlida en la matèria. En el tema de l'accentuació, però, vaig descobrir un escull: a mi m'havien ensenyat que s'escrivia (i es pronunciava) *francès, cafè, imprès*, amb accent obert, i la meua professora deia i escrivia aquestes paraules *francés, café, imprés*, amb accent tancat. Vaig anar a parlar amb ella per comentar-li el tema, preocupada per la possibilitat de «cometre faltes» en valencià. Ella em va tranquil·litzar dient-me que era el mateix: ambdues formes eren correctes i corresponien a dues pronúncies diferents degudes a distincions que venien d'antic i tenien l'origen en l'evolució de les vocals des del llatí. No calia amoïnar-se.

No, aleshores no calia amoïnar-se. Ara sí. Ara per qüestions com aquestes censuren llibres, veten traduccions i traductors. Es tracta d'accions i coaccions que posen de manifest el que alguns ja anunciàvem i temíem fa uns anys amb el canvi de partit polític en el poder: la política d'indiferència respecte del valencià era fàcilment transformable en atac contra la seua condició de varietat del català. I això podia fer trontollar el que en aquell moment tots créiem assumit i indubtable, matèria de discrepància mínima resoluble a partir de l'esmunyedís però confiable concepte de registre: en la llengua formal ha de predominar el denominador comú; en la llengua no formal, sobretot la parlada, les diferències, mínimes i ponderades, hi tenen entrada.

La batalla de què parlava Fuster, havia acabat i semblava que no es tornaria a activar. Tots havíem guanyat. Però no. La norma comuna està ara més en qüestió que mai. Ara novament hi ha batalla i hi perdem tots, tots els que realment volem que el valencià siga un vehicle de comunicació digne.

> Ahir, mentre dinàvem en un *merendero*, prop de l'Albufera, vam comentar amb Carles Riba el vell problema «valencià» del nom de la llengua. La gent d'aquest país no nega tant la unitat de l'idioma, com la necessitat de designar-lo «català». Els partidaris del «valencià-llengua-distinta-del-català» van deixar d'existir, a nivell respectable, a mitjan segle XIX i, avui, la propensió «diferencialista» ja solament és un residu folklòric, de discussions de barberia. També la resistència a dir-ne «català» es bat en retirada, de mica en mica; als diaris sovinteja l'ús dels termes «vernacle», que és una manera d'evitar «valencià» quan no es gosa escriure «català», i «català-valencià», si la timidesa és menor, i fins i tot «català» a seques. Fa vint-i-cinc o trenta anys, això –qualsevol d'aquestes solucions– era l'excepció. De tota manera, hi ha com un escrúpol difús i endanyat, que ens cohibeix a l'hora de triar el nom.[38]

Fuster ens descriu, l'11 d'abril de 1969, una situació que, l'any 2002, ens pot semblar difícilment aplicable a la realitat actual i fins i tot aliena a qualsevol situació passada. Sembla que molts han oblidat que la unitat de la llengua era inqüestionada en molts àmbits fa només deu anys igual com l'alternança denominativa. El nom no fa la cosa, diuen, però jo no ho tinc tan clar; si no la fa, la disfressa. Fa deu anys –o potser menys– les denominacions català i valencià alternaven amb naturalitat en àmbits com la universitat. La por, la «moderació» o no sé què, han bandejant progressivament el nom científic de la llengua de molts espais que abans

[38] Joan Fuster, *Escrits sobre la llengua*, cit., p. 37.

tenia guanyats i no és gens estrany veure en lletra impresa *llengua valenciana* fins i tot en diaris com *Levante* o *El País*. La denominació de valencià i encara de llengua valenciana, sota l'aixopluc estatutari, alterna amb solucions ambigües com la nostra llengua, la llengua vernacla, la llengua pròpia i el recentment reviscolat idioma valencià. Meravella del malabarisme és el nom de l'Acadèmia Valenciana de la Llengua, que ha començat a funcionar amb la dificultat gens menyspreable de no saber de quina llengua és acadèmia i de no estar composada majoritàriament per experts en la matèria.

Una vegada exclòs el nom acadèmic de la «llengua dels valencians» i convertit en paraula prohibida, una vegada que l'interés polític s'ha superposat a la raó científica, el fet acaba assumint-se com a normal, i fins i tot hi haurà «experts» que ho justificaran.

No es pot negar la tradició de denominar valencià al català parlat a terres valencianes. Recorda també Fuster que, descartat el nom de *llemosí*, per inadequat científicament, Nicolau Primitiu Gómez, cap al 1932 o fins i tot abans, havia inventat el nom de *bacavés* o *llengua bacava* (*ba*lear, *ca*talà, *va*lencià). Fuster, referint-se a una conversa amb Espriu posterior a la de Riba, hi objecta que es necessitarien bastants síl·labes més:

> Els habitants de Menorca, els d'Eivissa, també diuen que ells parlen «menorquí», «eivissenc». Els «fets diferencials» poden multiplicar-se fins a l'infinit. Solem dir «valencià» i, realment, les formes de parlar dels veïns de Morella i les dels veïns d'Elx són ben «distintes» de l'«apitxat» de València i la seva horta: a Sueca mateix, fem sonar la «s» sonora i la «g» prepalatal sonora, i distingim la «v» de la «b», matisos fonètics que han perdut

els valencianets de València. Per què no, doncs, enfront del «valencià» de Valencià, un suecà de «Sueca»?[39]

La idea del bacavés no va prosperar i la denominació de valencià com a oposada a català continua essent un filó inesgotable d'enfrontament i manipulació.

[39] Joan Fuster, *Escrits sobre la llengua*, cit., p. 39.

Reflexions

La situació actual del valencià, l'oposició fictícia creada amb el català, és el fruit d'una instrumentalització política que va començar en temps de la Segona República i ha anat prenent força des de la fi de la dictadura de Franco. Aquesta instrumentalització del sentiment diferencial valencià i la manipulació periodística han unit esforços per refermar el caràcter subsidiari, «regional», d'un sentiment valencià que es dilueix dins d'un sentiment espanyol i que s'ha concretat sota la forma d'anticatalanisme, com a reflex de l'anticatalanisme general que es fomenta a l'Estat espanyol. El resultat: una normalitat impossible.

LA INSTRUMENTALITZACIÓ POLÍTICA

Des de la transició democràtica, el tema de la llengua ha estat un dels eixos centrals de la confrontació política al País Valencià. Una qüestió filològica, científica, ha passat a ser tema de disquisició política, i amb l'ajut dels mitjans de comunicació, matèria de debat d'anar per casa. Així s'ha convertit un tema acadèmic incontrovertit en «qüestió d'opinió». Que el valencià pertany a la llengua catalana no és qüestió d'opinió, és qüestió de raó i d'evidència històrica i descriptiva.

Però en política tot val. La manipulació de les masses sembla formar part del joc polític. I és evident que hi ha temes que mouen certs sectors socials, potser poc nombrosos però certament molt sorollosos. Els símbols (senyeres, colors, paraules prohibides i paraules «genuïnes») es converteixen en matèria de fe en el marc d'una identitat difusa que fa compatible el valencianisme amb un espanyolisme inqüestionat i investit de les virtuts teologals de la universalitat, la modernitat i la tolerància.

La reivindicació de la paella, de les falles, del València C. F. són temes sagrats. Les masses no eixiran al carrer per denunciar la injustícia social, però molts esclataran en crítiques si es diu que, a la paella, s'hi posa ou dur o que el valencià manté qualsevol tipus de relació amb un sistema lingüístic de nom diferent. És com si es volguera que el València C. F. fóra un filial del Barça o del Madrid. Si és nostre, és diferent. Obliden que el futbol i la llengua són coses diferents. O potser pretenen que tot siga com el futbol.

El fet és que, mentre la gent es preocupe per aquests temes, no es preocuparà sobre com es gasten els diners públics, com es fa la política, a qui beneficia. Aquesta és la primera lliçó de l'aprenent de polític. La segona és negar l'evidència, si convé, i disfressar la realitat per als propis fins, que s'associen indefectiblement amb el manteniment del poder, al preu que siga.

En el nostre cas, la negació de l'evidència es vincula a una estratègia política clara, que, en paraules de Gustau Muñoz, té l'objectiu «d'evitar per tots els mitjans l'arrelament d'un sentiment nacional diferenciat i erosionar a llarg termini les bases del fet nacional a partir dels recursos de poder, de les institucions, dels mitjans de comunicació [...]».[40]

No hem d'oblidar que la manipulació ideològica en el terreny de les llengües és un dels instruments més utilitzats pels qui volen exercir pressió o poder sobre un grup humà i per aquells que, conscientment o no, afavoreixen els processos de substitució lingüística.

---

[40] Gustau Muñoz, *A l'inici del segle. Un dietari de reflexions*, València, Tres i Quatre, 2002, p. 180.

LA VALENCIANITZACIÓ

Hi ha paraules i expressions que es posen de moda, com les desaparegudes «vaques boges», que, després d'amenitzar-nos tots els dinars durant molts mesos, de sobte, per obra i gràcia d'algun poder fàctic, van desaparéixer de pantalles i paper de diari i van deixar, doncs, de ser un problema. Així de fàcil. Si la televisió i els diaris diuen que tal cosa és un problema, les enquestes indiquen que es tracta d'una de les cinc coses que més preocupen la població. Si diuen que no ho és o simplement no hi apareixen, no tenen existència; no són, doncs, un problema.

Darrerament, en les planes dels diaris valencians i en la boca dels polítics una de les paraules clau és «valencianització». Cal valencianitzar l'idioma, que no és prou valencià. I valencianitzar vol dir eliminar qualsevol element *eliminable* identificable com a català (vull dir barceloní, és clar). I dic eliminable perquè si es vol eliminar tot el que té de català el valencià, s'eliminarà tot el valencià. Potser és això el que volen els que ho propugnen i potser no ho tenen tan clar els que, d'alguna manera, els fan costat o els donen arguments «sociolingüístics».

Amb aquesta estratègia, es desvia l'atenció respecte al problema sociolingüístic més gran que té el valencià, com qualsevol llengua que conviu amb una de més forta i prestigiosa: la diglòssia o substitució de la llengua pròpia per una altra llengua en usos cultes, que en el nostre cas va a favor del castellà. I així, els nous paladins de la llengua ens volen fer creure que el perill del valencià és el català i no un ús del castellà que ocupa l'espai del valencià. Si es vol que el valencià siga realment una llengua de cultura –una llengua normal, al capdavall– amb qui entra en competició és amb el castellà. Això és més que evident.

Un altre efecte d'aquesta instrumentalització del fet lingüístic tan injustificable com intencional és fer creure que fins ara no hi havia normativa valenciana. No se sap com escrivíem en valencià fins ara. Necessitàvem una acadèmia que ens ho diguera i, sobretot, un govern que vigilés per censurar i filtrar tot allò que no s'ajusta a la norma «valenciana».

Doncs, no. La norma valenciana existeix de fa molts anys i segueix les normes de l'Institut d'Estudis Catalans, que compta en la seua secció Filològica amb no pocs valencians i amb altres acadèmics de zones que no pertanyen a les fronteres administratives de Catalunya. L'acceptació de la norma fabriana a terres valencianes és tan antiga com l'aparició d'aquestes normes en la *Gramàtica catalana* de l'Institut d'Estudis Catalans el 1932. Fuster ens ho recorda:

> Les millors iniciatives literàries valencianes dels anys vint i dels anys trenta s'ajustaren, tant com van poder i saber, a l'ordenament de l'Institut: revistes com «Taula», «El Camí», «La República de les Lletres», edicions com les de «L'estel», que representaren l'única aportació digna, en aquella època, dels valencians a la seva pròpia literatura, seguiren les «Normes» de Fabra. Els gramàtics valencians, des d'aleshores, s'hi subjectaren: Carles Salvador, Josep Giner, Manuel Sanchis Guarner. En 1932, un compromís col·lectiu dels escriptors de totes les edats i totes les tendències, signat a Castelló de la Plana, venia a reconèixer com a oficial l'ortografia de l'Institut. Avui, les reticències dialectals són mínimes; n'hi ha encara, però són residus a liquidar, obcecacions estúpides o ressentiments miserables.[41]

[41] Joan Fuster, *Escrits sobre la llengua*, cit., pp. 16-17.

Ara ja no podem dir «avui les reticències dialectals són mínimes». Al contrari, augmenten dia a dia a mesura que el tema es desvincula del lloc on s'ha de tractar, el de les institucions científiques i sobretot les universitats. Tantes gramàtiques, tants estudis seriosos, tanta producció literària i assagística per a res?

Jesús Tuson, un eminent lingüista valencià conegut per haver tractat en diferents llibres els perjudicis lingüístics i els «mals» que afecten les llengües del món, sovint ha denunciat el secessionisme lingüístic que, amb criteris acientífics, defensa la «independència» del valencià respecte al català. En una de les seues obres més recents, ens convida a aquesta reflexió que té forma de joc:

> ¿Quins són els noms dels progenitors? *Pare* i *mare*, amunt i avall del terrritori. ¿Com en diuen, dels fills dels seus pares? *Germà* i *germana*. Sembla també que tots tenim dues *mans*, vint *dits* i dos *peus*. I els rius són *rius*, i els gossos són *gossos*, i els números són l'*u*, el *dos* i el *tres*... Fins i tot hi ha una dansa molt bonica que es diu *L'u i el dos*...[42]

El joc no és cap invenció; és –simplificat, és clar– el mètode que els estudiosos de les llengües del món fan servir per determinar quan dos o més parlars constitueixen una mateixa llengua; és el mètode que fa concloure unànimement a tota la comunitat científica internacional que el valencià forma part del català. Aquesta constatació dóna sentit al fet que la llei de creació de l'Acadèmia Valenciana de la Llengua diga, literalment, que el valencià «forma part del sistema lingüístic que els corresponents Estatuts d'Autonomia dels territoris hispànics de l'antiga Corona d'Aragó, reconeixen com a pròpia». És aquesta una llarga

[42] Jesús Tuson, *Històries naturals de la paraula*, Barcelona, Empúries, 1998, pp. 95-96.

perífrasi que té l'única funció d'evitar l'anatemitzat nom *català*, ja que els únics territoris que acompleixen aquestes condicions són Catalunya i les Illes Balears, com ens recorda Jeremies Barberà en l'article «Normativa».[43]

Les diferències lèxiques, les diferències de pronunciació, les escassíssimes variacions morfosintàctiques no són suficients per a dir que es tracta de dues llengües diferents. No s'hi val dir que nosaltres diem *dèsset, dihuit* o *huitanta*, mentre que els catalans diuen *disset*, *divuit* i *vuitanta*. Els mallorquins diuen *desset, devuit* i *vuitanta* i, en canvi, el seu Estatut reconeix que la seua parla pertany a la llengua catalana. Aquestes variants constitueixen alternances normals en qualsevol llengua; fins i tot dins d'un mateix parlar, es constaten diferències semblants d'un poble a un altre.

Tanmateix, el Govern valencià insisteix a negar l'evidència a colp de llei. Un exemple recent d'aquesta línia d'actuació és la Resolució 12/2002, de 31 de maig, que fa pública una versió de l'acord de 25 de març de 2002 de l'Acadèmia Valenciana de la Llengua on es fixa provisionalment el referent normatiu valencià. Després d'un preàmbul on s'indiquen els antecedents de l'informe i es fa una explicació llarga i acurada de com s'ha d'interpretar el dictamen, ve l'acord. Es tracta d'una suposada llista de «formes lingüístiques genuïnes», que teòricament cal recuperar. Les formes són algunes grafies (com la *a* de *febra, arrancar, contraure, jaure, nadar, xarrar,* la *e* d'*amerar, cordell, depòsit, redó,* la variant sense r de *cartó, alfàbega o orde*), algunes variants morfològiques, que en molts casos

[43] Jeremies Barberà, «Normativa», *Levante*, 31 de maig de 2001.

s'acompanyen d'altres variants (com ara, *este/aquest, huit/vuit, patixen/pateixen, fera/fes)*, etc. Les variants marcades com a formes no preferents (les segones) coincideixen amb les utilitzades habitualment en el valencià formal.

Es completa el text amb una llista de paraules («el ric repertori lèxic i fraseològic valencià»), que, si fem cas de la llista, no deu ser tan ric perquè inclou seixanta-nou paraules i unes desenes de parelles de variants o sinònims.

A banda del caràcter restrictiu de la llista, destaca el fet que s'hi han inclòs formes de molt diferent naturalesa, quant a extensió de l'ús o vigència en registres formals, i, sobretot, la majoria estan recollides en els diccionaris i les gramàtiques catalanes. Quant als doblets, sorprén la falta de sistematicitat, pel fet que hi ha casos en què es consigna la forma alternativa –que, com he dit, sol coincidir amb la utilitzada generalment en els registres formals– i en altres s'omet. En paraules de Miquel Nicolás:

> Aquest acord és un lacònic paper administratiu que no propugna en absolut un model de llengua apte per a les complexes necessitats de comunicació actual. Més aviat sembla una llista de les obsessions més carrinclones i localistes dels qui no entenen, o més aviat no volen entendre, que l'escriptura i l'oralitat són dos canals diferents, que per molta naturalitat que s'hi pretenga aconseguir, l'ús formal d'una llengua mai no es pot confondre amb el registre col·loquial.[44]

Què es volia aconseguir amb tot això? Es volia aconseguir que les formes no incorporades i les formes secundà-

[44] Miquel Nicolás, «La mordassa i l'anatema: l'estratègia del PP davant la llengua», *El Temps*, núm. 934, 7-13 de maig de 2002, p. 77.

ries, passaren, per art de la lògica més elemental, a considerar-se bandejables i encara prohibides. De fet, aquestes formes «desapareixen implícitament de l'ús oficial», com remarca Nicolás,[45] malgrat el preàmbul amb què l'AVL intenta situar la validesa del dictamen i l'abast que té. Justament, es tracta de tenir un document que censure certes paraules i expressions, paraules i expressions que són les d'ús normal, no en el català de Catalunya, sinó en el valencià –en el català d'Alacant, València i Castelló– des d'abans de la Guerra Civil; es tracta de presentar com a «recuperades» formes que són absolutament normals en els registres formals, com el cas del femení amb *-u-* (*seua, meua, teua*) o el subjuntiu acabat en *-a* (com *faça, diga, tinga*) i posar-se, en fi, la medalla a la «valencianització» amb l'objectiu d'aconseguir l'espai electoral dels «defensors» de la *llengua valenciana* adoptant els seus principis i el seu *modus operandi* i *pensandi*.

> El problema dels secessionistes és que són uns ignorants integrals en qüestions lingüístiques. I si han de tenir veu i vot en aquestes coses, no tindrem més remei que deixar la pràctica de la medicina a mans dels carnissers, el bastiment d'edificis a mans dels nens que fan construccions, l'enviament de naus a l'espai a mans dels afeccionats als avionets de paper i la redacció d'informes a mans dels analfabets. Almenys, els carnissers, els nens constructors, els papiroflexòlegs i els analfabets són gent honesta. Com els lingüistes i els amants de la filologia.[46]

[45] Miquel Nicolás, loc. cit.
[46] Jesús Tuson, op. cit., p. 97.

El problema no és lingüístic, encara que se'ns presente com a tal. El problema no és si el dictamen és coherent filològicament, si s'han tingut en compte totes les fonts que calien, si els signants de l'acord tenen o no la qualificació que es requereix per a avalar decisions d'aquesta mena, ni si estem més o menys d'acord amb el seu contingut. Com Nicolás ens adverteix, l'autèntic problema és què se'n farà (què se n'ha fet), de l'acord:

> Les consideracions filològiques de fons són al capdavall secundàries al costat de les conseqüències sociolingüístiques del document aprovat. Amb aquest acord es pot generalitzar l'autocensura lingüística que des de l'arribada del PP es practica en diverses instàncies de la Generalitat Valenciana, i en particular a la Conselleria de Cultura, Educació i Ciència. Amb aquest acord es pot fomentar la confusió, el complex d'inferioritat i el criollisme suïcida en el sistema educatiu, en la comunicació de masses, i el món del llibre i els espectacles.[47]

El temps verbal futur de Miquel Nicolás ràpidament es fa present i la hipòtesi temuda es converteix en realitat. A final de maig, els editors valencians denuncien la censura que la Conselleria d'Educació aplica als llibres de text, mitjançant l'incomprensible i increïble decret d'homologació, que obliga els editors a obtenir el vistiplau de la Conselleria d'Educació si volen que els seus llibres s'utilitzen en les aules valencianes. La interpretació restrictiva i interessada dels acords de l'Acadèmia fa que no s'aproven la majoria de llibres de text presentats per al curs 2002-2003, fins al punt que no s'homologa un llibre del qual és coautor un dels

[47] Miquel Nicolás, loc. cit.

membres de l'Acadèmia Valenciana de la Llengua. A final de juny un grup de lingüistes de l'Administració valenciana denuncia les pressions per excloure paraules –que, de fet, és una pràctica que lluny de ser nova, simplement s'ha incrementat– i s'encomana a l'Acadèmia perquè hi intervinga i evite «intromissions» polítiques inadmissibles.

Els fets són més eloqüents que les paraules i demostren quin és l'autèntic objectiu d'aquesta autodenominada «valencianització».

EL SALT AL BUIT[48]

Amb la Resolució 12/2002, de 31 de maig, l'Acadèmia Valenciana de la Llengua ha establit que el programa de traducció castellà-valencià Salt (en versió 2.0) és oficial i, per tant, qualsevol text que isca del mateix, que emane dels *bits* i la *memòria RAM* de l'ordinador, és valencià autèntic. Pinso,[49] sincerament, que ens hem d'alegrar del que ens oferix la tècnica: un instrument que ens permet tranquil·lament escriure en valencià sense donar-nos compte, evitant-nos, per consegüent, molestes activitats com assistir a cursos i produint un estalvi de mitjos considerable. Així, podem dedicar el nostre temps a coses més productives, com estudiar anglés.

El procediment és senzill: s'escriu en castellà, com tota la vida, li das l'orde al programa de l'ordinador i, màgia potagia, el text està en valencià acadèmic. Els autors de llibres, esforçats administratius, polítics, tota la comunitat d'usuaris va a tindre, per fi, la resposta a les seues pregàries. Ja no cal anar a tediosos cursos de valencià, ni fer exàmens de la Junta Qualificadora (encara que, ben mirat, pot fer falta per a accedir als cossos docents). Sense donar-nos compte i per obra de la informàtica, la utilitat ja ningú del qual pot negar,[50] la vida bilingüe s'ha fet més fàcil i plaent

[48] Aquest text és la traducció d'un text escrit en castellà. Després de la traducció automàtica amb el programa Salt versió 2.0, no hem fet la revisió de les paraules que el programa marcava com a dubtoses. Vull explicitar que el contingut d'aquest apartat no implica cap crítica respecte a l'eficàcia tècnica del programa. S'hi posa en qüestió el model de llengua en què es basa i la concepció de la llengua que implica: permetent només la traducció del castellà al valencià invita a escriure en castellà i no en valencià de manera habitual i normal.

[49] En l'original en castellà, deia «pienso».

[50] En l'original en castellà, deia «cuya utilidad ya nadie puede negar».

pel que fa a l'escriptura. Cal reconéixer que han desenrotllat una labor impecable i encomiable, que ha de ser defesa per tot el món.

Només hi ha un entrebanc; per a utilitzar el programa de què vam parlar, cal saber gramàtica. El Dit programa traduïx el text i activa, posteriorment, un procés de revisió en el que l'usuari té que participar activament. En cas de dubte, la dita ferramenta informàtica fa preguntes a l'usuari, a qui este ha de respondre decidint sobre dos o més opcions possibles. Per exemple, et pregunta si «escribimos» és escrivim (present) o vam escriure (passat) o si «porque» és doncs (consecutiu) o perquè (causal), com si les comes no l'indicaren prou –per a qui sap col·locar comes, clar, que això el programa encara no el pot fer. Però confiem a resoldre eixos xicotets problemes; no siguem pessimistes i negatius.

Propose, perquè –ai, que m'he equivocat en la correcció!–, que les proves de nivell de coneixements del valencià es convertisquen en una prova de domini del Word i del programa Salt, que es desenrotlle una aplicació que realitze una traducció oral simultània castellà-valencià, que, si no fora per l'esdevindre cronològic, podria haver utilitzat experimentalment l'expresident de la Generalitat. Que eliminen als professors de valencià i que l'ensenyança de l'assignatura siga virtual i basada en la informàtica. Que tot s'escriga en castellà i així no perdrem el temps deprenent a escriure en la llengua vernacla i, a més, estarem segurs que tot el que vam escriure respon als criteris de l'Acadèmia. No sé com se'ns ocorria viure fins ara sense el Salt. Llàstima que eixe invent ja no li servirà a l'expresident de la Generalitat, Eduardo Zaplana, qui, com a flamant ministre, no el necessitarà.

El diccionari de la Real Academia Española de la Lengua inclou la definició de valencià següent: «Variedad del catalán que se usa en gran parte del antiguo reino de Valencia y se siente allí comúnmente como lengua propia». Aquesta definició, escrita per l'eminent filòleg Rafael Lapesa, nascut a terres valencianes, concilia la realitat filològica, el valencià com a varietat del català, amb la realitat sociolingüística, que en les nostres terres des de fa segles s'ha sentit (s'ha denominat?) de manera diferenciada, a causa de múltiples factors històrics, però no com a conseqüència d'una diferència gramatical real.

L'11 de juny de 2002, el president de la Real Academia Española, Víctor García de la Concha, davant una interpel·lació del senador de Convergència i Unió Josep Varela, va recordar en la comissió d'Educació i Cultura del Senat que el valencià és una variant del català. Va insistir que per als filòlegs «no hay duda» i que el fet que l'Estatut valencià declare com a llengua oficial el valencià, sense fer referència a la seua filiació lingüística, «ha sido un problema de los políticos».

Aquestes afirmacions, que en qualsevol país civilitzat s'haurien acceptat com el que són, les afirmacions d'una persona amb la màxima autoritat per a fer-les, van ser interpretades com un intent d'obrir la «polèmica» de la llengua –ara que estem tan pacificats– i van provocar, és clar, les ires més irracionals de certs sectors. Heus ací algunes «perles», que farien caure la cara de vergonya a qualsevol ciutadà mínimament cultivat i/o educat:

- Salvador López, Secretari de la Real Acadèmia de Cultura Valenciana: el president de Real Academia Española de la Lengua «no sabe lo que dice. Mire usted, ellos no son especialistas en valenciano, por lo tanto no deben opinar. Deben callarse la boca ya que no tienen ni idea de lo que dicen. Lo que deben hacer es opinar del castellano que tienen mucho trabajo que hacer.»[51]
- Vicente Ferrer, senador valencià del Partit Popular: «en ese proceso [el que ha aconseguit l'acord històric que ha donat lloc a l'Acadèmia Valenciana de la Llengua], que un listillo de Madrid nos diga qué tenemos que hacer es lo último que necesitamos. Si quiere hacer algo, le agradeceríamos que se callara, y que no interfiriera en ese proceso».[52]
- Santiago Grisolía, president del Consell Valencià de Cultura: Víctor García de la Concha «sabrá mucho de castellano, pero que se preocupe de otras áreas no me parece interesante»; aquesta declaració es converteix en el titular en «sólo sabe mucho de castellano».[53]

En tot aquest allau de barbaritats i insults, vinguts de les veus «més autoritzades» de la cultura valenciana i del partit en el govern, la presidenta de l'Acadèmia Valenciana de la Llengua, Ascensió Figueres, prefereix no fer declaracions. Primer ha de telefonar al «jefe» –ja se sap, «qui paga, mana».

---

[51] Redacción, «La Academia Española insiste en el Senado en que el valenciano es una modalidad del catalán», *Las Provincias*, 12 de juny de 2002.

[52] J. C. Ferriol & J. Braulio; «El PP llama "listillo" a De la Concha por interferir en el debate lingüístico», *Las Provincias*, 13 de juny de 2002.

[53] J. C. Ferriol & J. Braulio, loc. cit.

Una vegada feta la consulta, i aprofitant la visita de l'Acadèmia (la valenciana) a la Academia (l'espanyola), la senyora Figueres, el dia 3 de juliol de 2002, com a part del seu discurs, va demanar a García de la Concha que es modificara la definició de valencià. El discurs de Figueres deixava ben clar l'esperit de l'Acadèmia que presideix:

> Nuestra Acadèmia aspira a convertirse en un referente común compartido, y pretende actuar como un cimiento social capaz de gestionar positivamente el conflicto lingüístico valenciano y darle una salida conciliadora en que la anhelada recuperación de nuestra lengua no sea òbice para que conviva con el español.[54]

Els fets, però, demostren un esperit molt llunyà de l'entesa i el concili que els polítics esgrimeixen a cada pas. El fet que aquest discurs incloguera una petició que no s'havia discutit amb els acadèmics i que, en canvi, fóra coneguda per un diari com *Las Provincias*, que ho feia públic abans que es llegira,[55] no deixa gaires dubtes sobre la manera d'actuar d'algunes persones i sobre l'autèntica naturalesa de les institucions que encapçalen. Alguns polítics creen o ressusciten el conflicte i després es mostren a l'opinió pública com herois que l'eviten, mentre continuen atiant-lo des d'un costat i l'altre. Una maniobra perfecta, si no fóra que és tan barroera.

En resposta a la petició respecte a la definició de *valenciano*, García de la Concha va dir que aviat es revisarien

[54] Redacción, «La Academia Española revisará la definición de valenciano para que deje de equipararararse al catalán», *Las Provincias*, 4 de juliol de 2002.

[55] Redacción, «La Acadèmia solicita hoy a la Española que el diccionario no equipare valenciano y catalán», *Las Provincias*, 3 de juliol de 2002.

totes les definicions i va advertir que la Real Academia Española de la Lengua no havia acceptat pressions polítiques ni en temps de Franco. Aquesta resposta, en la versió dels diaris pròxims al partit en el govern, es va convertir en una promesa d'adaptar la definició a l'Estatut i en un matisació, una rectificació, de les declaracions que el president de la RAE havia fet al Senat. Alguns diaris van oblidar explicitar que hi ha un projecte d'actualitzar la plantilla de definició de totes les llengües i que García de la Concha va precisar que la reforma es farà «de acuerdo con la filología románica internacional».[56]

En efecte, les pressions havien existit abans. Cucó ens recorda que al final de la dictadura, el 1975, els directors de l'Academia de la Lengua Española, Dámaso Alonso, i de la Academia de la Historia, Jesús Pabón, van elaborar un escrit en què reafirmaven la unitat de la llengua catalana i consideraven «culturalmente aberrante todo intento –como el que ahora contemplamos– de desmembrar el País Valenciano de la comunidad idiomática y cultural catalana».[57] Es pronunciaven en contra del qüestionament dels criteris científics «ahora ásperamente impugnados por personas que claramente utilizan sus propios prejuicios como fuente de autoridad científica mientras pretenden ridiculizar e incluso insultar a personalidades que, por su entera labor, merecen el respeto de todos y, en primer lugar, el nuestro».[58] Feien referència als insults rebuts per Manuel Sanchis

---

[56] A. G. , «La RAE anuncia que revisirá las definiciones de las lenguas tras una visita de la Acadèmia», *Levante*, 4 de juliol de 2002.

[57] *Levante,* 6 de juliol de 1975, *apud* Alfons Cucó, *Roig i blau. La transició democràtica valenciana*, València, Tàndem, 2002, p. 73.

[58] *Levante,* 6 de juliol de 1975, *apud* Alfons Cucó, op. cit., p. 73.

Guarner. Uns anys després la diana dels insults és el mateix director de la RAE, Víctor García de la Concha.

Aquest panorama polític, «cultural» i mediàtic és decebedor i vergonyant. Cap comunitat civilitzada no acceptaria declaracions i accions com les que acabem de ressenyar. Cap societat normal no es quedaria impassible davant uns fets que, no per repetits, deixen de ser sorprenents i, utilitzant un anglicisme molt de moda darrerament, patètics.

LA CENSURA DELS CURRÍCULUMS

La recent onada de valencianització protagonitzada pel govern del Partit Popular, encapçalat per l'ara expresident Eduardo Zaplana, va tenir un dels punts àlgids en la modificació dels currículums d'ESO i Batxillerat de l'assignatura de Valencià. La modificació, presentada pel conseller Tarancón com a «modernització», va consistir en l'eliminació dels autors no nascuts en terres valencianes dels programes i la inclusió d'autors valencians, entre els quals n'hi ha alguns que, en una situació normal, es considerarien autors poc rellevants. El 25 de juliol de 2001 es va enviar el document a les editorials, sense cap discussió prèvia amb els estaments implicats, i poc després, fent cas omís de les protestes que el «document provisional» havia alçat, es va fer oficial a través dels Decrets 39/2002, de 5 de maig, i 50/2002, de 26 de març, que estableixen el currículum (objectius i continguts) de l'assignatura *Valencià: Llengua i Literatura* d'Educació Secundària Obligatòria i de Batxillerat, respectivament, en substitució dels vigents fins al moment, que daten del 92 i del 94.

Com a mesura valencianitzadora, el canvi és més que dubtós. Per què no dediquen els seus esforços a valencianitzar la televisió, els diaris, les intervencions públiques dels seus polítics, començant per l'aleshores president, Zaplana? Bona mostra de la inexistència de voluntat valencianitzadora real és el fet que el document provisional estava escrit, no podia ser d'una altra manera, en castellà. Hi quedaven algunes paraules en vernacle que delataven l'origen del document que havien utilitzat de base.

Com a mesura modernitzadora, la modificació és un desficaci –paraula que, per cert, l'Acadèmia no aconsella d'utilitzar en registres formals. El temari d'ESO, per centrar el tema, parteix d'una concepció decimonònica de la llengua (lletres, paraules i oracions), a la qual s'afegeix un apartat final dedicat al text, com a toc d'actualització (o deu ser de consens). Si es llegeix el document sencer, es pot comprovar, a més, que els continguts entren en contradicció amb els objectius plantejats al preàmbul, on es parla de millorar la competència comunicativa de l'alumne. A la contradicció, s'hi suma la falta de rigor en els apartats dedicats a aspectes textuals: hi ha una confusió terminològica i conceptual flagrant, que denota un coneixement de la matèria ben pobre. En síntesi, la proposta, que es presenta com a valencianitzadora i modernitzadora, és en realitat mutiladora, empobridora, simplificadora i retrògrada. Hem tornat, en això com en altres coses que tenen a veure amb el valencià, molts anys enrere. La sensació d'haver perdut el que s'havia avançat en els primers anys de la democràcia, amb molt d'esforç i sacrifici, amb molta il·lusió per part d'alguns, és cada dia major.

Davant la protesta feta per algunes persones arran de la publicació dels Decrets, el Síndic de Greuges de la Comunitat Valenciana respon, amb data 14 d'agost de 2002:

> La normativa relacionada [l'Estatut i la Llei d'Ús] és clara i terminant i no exigix cap interpretació; en conseqüència, esta Institució no pot sinó acceptar, per ser ajustada a dret, l'actuació pública realitzada pel Govern Valencià fent ús de les seues atribucions, i la situació descrita per vosté ha d'interpretar-se com un desplegament normal de les previsions contingudes en l'Estatut d'Autonomia i en la Llei d'ús i ensenyament del valencià.

El Síndic no observa, doncs, «cap actuació de l'administració que impedisca o menyscabe l'exercici d'un dret constitucional o estatutari que legitime la intervenció del Síndic de Greuges». Deu ser normal que el poder polític impose a les instàncies educatives i culturals tot el que vol i menystinga l'opinió dels experts i els afectats directament per les seues accions. Deuen creure que tenen el poder demiürgic que emana del poble, de la democràcia, un poder com el que Saramago, en *Història del Setge de Lisboa*, atribueix als traductors i als correctors de llibres, que són capaços de canviar la història col·locant un simple *no* en una frase afirmativa. El poder diví que el traductor de Nietzsche va estar temptat d'usar per canviar la famosa frase «Déu és mort» per «Déu no és mort»; però el seu codi ètic li va impedir emmascarar la realitat, manipular la informació, crear amb les paraules –amb un simple *no*– una realitat diferent, oposada.

> Els correctors, si poguessin, si no estiguessin lligats de peus i mans per un conjunt de prohibicions més impositiu que el codi penal, sabrien canviar el rostre del món, implantar el regne de la felicitat universal, donant de beure a qui té set, de menjar a qui té gana, pau als que viuen inquiets, alegria als tristos, companyia als solitaris, esperança al qui l'havia perduda, per no parlar de la fàcil liquidació de les misèries i els crims, perquè tot ho farien mitjançant la simple mudança de les paraules [...].[59]

Estan els polítics autoritzats a canviar la realitat amb paraules, amb decrets, ordres i lleis? És això la democràcia?

---

[59] José Saramago, *Història del Setge de Lisboa*, Barcelona, Edicions 62, 2001, p. 55.

Obtenir una majoria en les urnes justifica accions irracionals i, encara més, quan l'objectiu que persegueixen de cap manera es pot considerar filantròpic?

UN REQUISIT QUE NO ÉS REQUISIT

Un altre dels actes de «valencianització» activa del Govern valencià ha estat establir el requisit lingüístic per a l'exercici de la funció docent en l'ensenyament no universitari, és a dir, exigir el coneixement del valencià (i del castellà) als docents. Fins ara també era obligatori que els professors conegueren les dues llengües de la Comunitat, però aquest deure no s'establia com a requisit previ a l'oposició, sinó com a obligació que s'havia d'acomplir dins d'un marge temporal ampli, en el qual les persones que no acreditaven el coneixement del valencià podien assistir a cursos organitzats a tal efecte. La novetat està en el fet que aquesta acreditació, mitjançant un títol oficial o una prova, és un requisit previ al concurs i, per tant, el fet de no acomplir-lo implica la impossibilitat de presentar-se a l'oposició. Es podria pensar, doncs, que no hi ha govern més favorable a la normalització del valencià. Aquesta és la imatge que volen transmetre.

El Decret es va pactar amb els sindicats i, una vegada aconseguit l'acord i abans de la publicació, es va fer una roda de premsa informativa. En les seues declaracions, el conseller de Cultura, Educació i Ciència, Manuel Tarancón, va anunciar la posada en marxa del requisit lingüístic i, a instàncies d'un periodista, va precisar que els llicenciats en Filologia Catalana haurien de fer la prova de valencià, cosa que contradeia el pacte amb els sindicats, i la lletra, però potser no l'esperit, del document. En el document pactat, apareixia com a títol acreditatiu del coneixement del valencià el títol de Filologia Valenciana o «equivalents». En el Decret 62/2002 de 25 d'abril, publicat el 2 de maig de 2002, ha desaparegut la precisió «o equivalent». Aquesta ha estat la resposta del govern Zaplana a les protestes de totes les instàncies acadèmiques, d'associacions, de sindicats. Aquesta ha estat la resposta a unes protestes que van posar de manifest que la formulació del Decret va en contra de la legalitat vigent. El Govern valencià, en comptes de rectificar, va mantenir la seua postura i encara la va radicalitzar.

Pocs dies després, les ordres de 8 de maig 2002/4890 i 2002/4892 de la Conselleria de Cultura, Educació i Ciència feien pública la convocatòria d'accés als cossos docents de professors; en els annexos VII i X, respectivament, s'indicaven les titulacions que eximien de la prova de valencià i no hi apareixia la llicenciatura en Filologia Catalana; només hi constava Filologia Valenciana.

El fet és que mai no ha existit un títol universitari amb la denominació específica de Filologia Valenciana. Els estudis de filologia valenciana quedaven inclosos en el títol de «Filologia. Secció: Filologia Hispànica (Valenciana)», que impartia la Universitat de València, o el de «Filosofia i Lletres. Divisió Filologia (Filologia Valenciana)», que impartia la Universitat d'Alacant. Amb la reforma dels plans d'estudis universitaris del 1993, el títol que va entrar en vigor fou Filologia Catalana, únic que apareix en el llistat de títols de l'Estat espanyol i que correspon a les àrees de coneixement que, entre altres coses, donaven nom des de feia encara més temps als departaments universitaris competents en la matèria. El canvi, que les universitats no van haver de demanar, era lògic si s'adaptaven els títols a les àrees de coneixement vigents i es desprenia naturalment de la romanística internacional: el valencià forma part de la llengua catalana i el seu estudi correspon, per tant, a l'àrea de coneixement de la Filologia Catalana. Els dos títols antics van ser reconeguts com a equivalents al de Filologia Catalana per l'Ordre de 29 de novembre de 1995 (BOE de 7 de desembre de 1995).

L'eliminació d'una referència explícita a l'equivalència entre «Filologia Valenciana» i qualsevol altre títol ignora, conscientment, l'homologació que la llei espanyola reconeix entre els estudis de valencià fets en les universitats valencianes abans de la reforma de plans d'estudis, com a especialitat dins de Filologia, i el títol actual. Des del punt de vista legal, com indica clarament Alfons Esteve, la maniobra té molts punts febles:

> És indiferent que els annexos continguen o no la clàusula d'equivalència: això únicament constituiria una remissió del tot supèrflua a altres disposicions. L'esment al títol de Filologia Valenciana obliga a tenir necessàriament en compte als efectes prevists (d'exempció de la realització d'una prova selectiva) totes aquelles altres titulacions que se n'hagen declarat equivalents per part de l'administració competent. Fins i tot, per tant, amb aquest redactat definitiu dels annexos al·ludits, tot i que no s'hi explicite l'eventual existència d'equivalències, resulta ineludible aplicar el decret ministerial i reconèixer la dispensa de la prova de valencià d'aquell aspirant que presente la titulació en Filologia Catalana.[60]

Així doncs, el Govern valencià ha ignorat, conscientment, que Filologia Catalana és l'única carrera universitària que apareix en el catàleg del Consell d'Universitats i, per tant, els llicenciats en Filologia Catalana posseeixen l'única acreditació de rang universitari que acompleix el requisit

[60] Alfons Esteve, «No amb impunitat», *El País*, 10 de juny de 2002.

lingüístic. En aquest punt, coincideixen l'ordenament jurídic espanyol i la comunitat científica internacional, a més de molta jurisprudència. No hi coincideix, però, el Govern valencià, que no reconeix el títol explícitament i s'atreveix a negar sense pudor el reconeixement implícit que es deriva de l'homologació publicada al BOE el 1995.

Però això no és tot. Els esmentats annexos inclouen fins a catorze acreditacions dels coneixement del valencià, molt heterogènies i algunes qüestionables com a preparació lingüística suficient per a exercir la docència. Així, queden exemptes de la prova les persones que han cursat assignatures de valencià en BUP, en Formació Professional o en Batxillerat, de manera que, en la pràctica, gairebé qualsevol professor que haja cursat estudis en la Comunitat Valenciana, té el requisit demanat abans d'entrar a la universitat. A més, el requisit s'aplica només als professors que s'incorporen a la funció docent per primera vegada, i no als trasllats, les comissions de servei i les substitucions, com s'havia pactat amb els sindicats.

El resultat de l'operació és que estan obligats a acreditar el domini del valencià aquells que tenen un títol de català, obtingut fora o dins de la Comunitat Valenciana, i no només aquelles persones que no han estudiat la llengua. Els títols impartits per la Universitat de València i la Universitat d'Alacant són anul·lats a tals efectes, es menysprea l'autoritat científica i administrativa de les universitats valencianes i es vulnera la legislació de l'Estat espanyol en aquesta matèria.

Aquesta situació contrasta amb el fet que, per a estar exempt de la prova de castellà, el primer dels quatre avals és qualsevol titulació universitària expedida per una universitat espanyola. És a dir, un llicenciat en Filologia Catalana no ha de fer la prova de castellà –la qual cosa és del tot lògica–, però sí la de valencià –la qual cosa és, a més d'il·legal, absurda.

La Universitat de València i la d'Alacant, el sindicat STEPV i altres entitats i persones han presentat recursos en contra de les ordres esmentades. Són recursos que trigaran molt de temps a resoldre's i que, aplicant la legalitat vigent, podrien invalidar les oposicions realitzades a juny de 2002. De moment, enguany, diversos professors de valencià en actiu en aules d'escoles valencianes, i fins i tot alguns contractats per la mateixa Conselleria per fer classes específiques de títols que donen accés a l'exempció, no han pogut presentar-se a les oposicions de «Llengua i literatura valenciana» perquè tenen un títol de Filologia Catalana.

Una política de promoció lingüística com aquesta només crea confusió en l'opinió pública, dificulta l'ús normal del valencià i qüestiona la validesa dels títols universitaris i la seua adequació per a la preparació professional. La voluntat es demostra amb fets i aquests fets, una pedra més en un mur farcit d'irregularitats i atacs disfressats de valenciania, parlen suficientment de l'ideari que inspira el Govern valencià.

«El Tribunal Superior rechaza el recurso de la Universitat sobre el requisito lingüístico»

La sala concluye que no es posible eximir de la prueba de valenciano a los opositores titulados en Filología Catalana porque ya se ha realizado.

Las Provincias, 20 de juliol de 2002

«El TSJ deniega eximir a los filólogos catalanes de la prueba de valenciano»

El tribunal dice que el «devenir cronológico» imposibilita adoptar dicha medida.

Diario de Valencia, 20 de juliol de 2002

«El TSJ fuerza a Educación a aceptar de modo cautelar a los titulados en Filologia Catalana»

El Tribunal Superior de Justicia ha admitido a trámite los recursos presentados por la Universitat de València contra las órdenes de Educación que convoca oposiciones.

Levante, 12 de juliol de 2002

«Desestimada una medida cautelar del recurso por el requisito lingüístico»

El País, 20 de juliol de 2002

Quatre titulars, una mateixa notícia, imprecisions i fins i tot falsedats en els tres primers. Només el darrer en dóna informació exacta. Analitzem els tres primers titulars:

a) Dos dels titulars atribueixen el recurs a *la Universitat*, és a dir, a la Universitat de València Estudi General. Amaguen, intencionadament o per simple ignorància, que el recurs no ha estat presentat únicament per la Universitat de València, sinó conjuntament amb la Universitat d'Alacant, ja que aquestes dues universitats valencianes són les que tenen llicenciatura en Filologia Catalana.

b) El recurs contenciós-administratiu contra les Ordres de 8 de maig (2002/4890 i 2002/4892) de la Conselleria de Cultura, Educació i Ciència demana que hi figure el títol universitari de Filologia Catalana com a títol que garanteix el coneixement de la llengua pròpia de la Comunitat Valenciana i planteja com a mesura cautelar l'admissió dels titulats en Filologia Catalana. Només així es podia evitar el risc d'haver d'invalidar les oposicions que s'havien d'iniciar cinc dies després, el 25 de juny de 2002. Per tant, el fet que el recurs haguera estat admés a tràmit no implica que la mesura cautelar havia estat acceptada el 12 de juliol, com proclamava el *Levante*.

c) Segons explicita clarament el titular de *El País*, la mesura cautelar fou desestimada posteriorment. Això no vol dir, però, que el recurs ha estat rebutjat, com diu el titular de *Las Provincias*. El recurs continua el tràmit corresponent; ho confirma el dictamen del Tribunal Superior, on s'explicita que el Tribunal no entra per ara en la qüestió de fons.

d) El fet de no admetre la suspensió cautelar de l'obligatorietat de realitzar la prova de valencià als llicenciats en Filologia Catalana i a alguns llicenciats en Filologia Valenciana que no van quedar exempts de la prova de valencià va implicar que aquestes persones no van poder presentar-se a l'oposició de places de Valencià. Llengua i Literatura. La raó adduïda pel Tribunal Superior és, literalment, que «el propio devenir cronológico de los procesos selectivos a que se refiere el presente recurso imposibilita a este tribunal a adoptar dicha medida, dado que, como se pone de manifiesto por la Generalidad, ya se han celebrado las pruebas relativas a la acreditación del conocimiento de las lenguas autonómica y estatal, en cuyo acto debió, en su caso, desplegar su efectividad la pretendida exención». I el Tribunal conclou: «Por las razones expuestas, y sin prejuzgar acerca de las razones impugnatorias de fondo, procede denegar la medida cautelar interesada por las universidades recurrentes». Per tant, és fals el titular del *Diario de Valencia*, on s'afirma que el TSJ «deniega eximir a los filólogos catalanes de la prueba de valenciano»; denega la suspensió cautelar de l'exigència de la prova perquè considera que no és cronològicament aplicable.

I per què no és cronològicament aplicable? L'article de Pasqual Requena, en nom del Col·lectiu d'Educació de Revolta-Jove Germania, «Alguna cosa més que un requisit», ho resumeix de manera clara.[61]

- El 10 de maig es publiquen les Ordres de 8 de maig per a l'accés als cossos docents.
- El 4 de juny apareix una llista d'eximits de la prova de valencià, en la qual es troben els llicenciats de Filologia Catalana. Tanmateix, constatat aquest fet per alguns sectors i publicat en la premsa, la llista desapareix de l'exposició pública. Entrava en contradicció amb les declaracions del conseller de Cultura,

[61] Pasqual Requena, «Alguna cosa més que un requisit», *Levante*, 2 d'agost de 2002.

Educació i Ciència, Manuel Tarancón, que havia afirmat davant dels mitjans de comunicació que Filologia Catalana no era un títol que demostrara el coneixement del valencià. La llista va desaparéixer d'internet.

- El 19 de juny, per internet, es va conéixer la versió esmenada de la llista, on s'excloïen alguns llicenciats en Filologia Catalana i Filologia Hispànica-Secció Lingüística Valenciana, abans acceptats. Només el 21 de juny la llista va veure la llum en paper.
- El mateix 19 de juny es va realitzar la prova de valencià per als que no havien quedat exempts i, per tant, els afectats no podien prendre cap mesura davant una decisió que el mateix dia de les proves desconeixen.
- El 20 de juny la Universitat d'Alacant i la de València presenten un recurs contenciós-administratiu contra les ordres, cinc dies abans de l'oposició. El recurs i la mesura cautelar plantejada no van servir per a restituir a aquells llicenciats els seus drets legítims.

En conclusió, els tres primers titulars donen informacions inexactes, imprecises i sovint contradictòries una vegada que hem llegit el cos de la notícia. Sorprenentment, el *Diario de Valencia* proporciona una informació molt fidel dels fets a partir de la transcripció literal dels fonaments jurídics de la decisió. Una altra cosa és que la fotografia que acompanya el text siga de l'actual rector Francisco Tomás i el peu de foto diga «Universidades. El recurso que solicitaba la exención de la prueba de valenciano para los filólogos catalanes fue presentado por la Universidad de Valencia, cuyo rector es Pedro Ruiz (imagen) y por la de Alicante».

Tots sabem, començant pels periodistes, que la major part de lectors mirem els titulars i la fotografia de la notícia; pocs la llegim sencera i molt menys quan, com en aquest cas, el to de redacció és especialitzat, s'usa una terminologia i un estil que fa difícil la comprensió de la informació. Si a això, hi afegim que les informacions, fins i tot les que hi ha en el títol, l'entrada i la foto, són contradictòries entre si, l'efecte «desinformatiu» està servit.

Conscients d'això i experts en l'art d'utilitzar aquests mecanismes, els mitjans de comunicació tenen la capacitat de manipular la informació: mentir, confondre, dirigir el pensament; poden acabar creant una realitat inexistent en funció d'uns propòsits poc ètics. Les notícies sobre el recurs contra el requisit lingüístic que acabem de comentar no representen un cas excepcional; constitueixen una peça en un rosari d'actuacions que, en el cas de la llengua, són gairebé constants.

ACCIONS I REACCIONS. LA PAX ZAPLANA

Algunes de les notícies a què ens hem referit abans, completaven la proesa amb comentaris valoratius, com el del portaveu de Cultura del Partit Popular en les Corts Valencianes. David Serra afirmava que la sentència del Tribunal Superior era «lógica y sensata, ya que las pruebas ya se habían realizado» i afegia que el seu partit havia liderat la fi del conflicte lingüístic, procés en el qual havia imperat el sentit comú. La Pax Zaplana, iniciada amb el Pacte per la Llengua i proclamada *urbi et orbe* amb la creació de l'Acadèmia Valenciana de la Llengua, havia arribat al zenit.

És evident que per al govern d'Eduardo Zaplana el conflicte ha acabat. Només ha calgut crear una Acadèmia política i dir a tort i dret que no hi ha conflicte, mentre es fan repetidament accions que precisament l'incrementen.

Tanmateix, algunes veus posen de manifest la contradicció:

> No creiem que aquesta actitud del Govern valencià siga ni casual ni produïda per hipotètiques pressions de la caverna o per maniobres contra l'adversari polític. Més bé caldria associar-la amb d'altres com la nul·la ajuda a les activitats de la Federació Escola Valenciana, l'exclusió d'autors no valencians al currículum escolar o l'elaboració d'una (si més no) llista de paraules *sospitoses*, per a deduir-ne el vertader caràcter: el total menyspreu del partit governant cap a la llengua com a mostra del seu menyspreu per les gents i la cultura valencianes.[62]

[62] Pasqual Requena, «Alguna cosa més que un requisit», *Levante*, 2 d'agost de 2002.

Veus com la de Pascual Requena deixen al descobert la tècnica més habitual d'un govern que vol vendre el consens i la moderació com a senya d'identitat i valor votable. És una tècnica que funciona amb aquells que no veuen o no volen veure la falsedat i la contradicció d'unes accions que, amb l'etiqueta de valencianitzadores, pretenen propiciar, encara més, la substitució lingüística per part del castellà.

> ...las contradicciones que se le amontonan al PP gracias a una de sus prácticas más asombrosas: hacer una cosa y la contraria para apuntarse las dos con una desmesurada complacencia. Hacer una cosa o decirla, que la confusión entre el hecho y el dicho es un hábito de la política popular.[63]

El problema ve quan aquesta actitud contradictòria crea escola. El mateix Joan Ignasi Pla, secretari general del PSPV-PSOE, fa declaracions contradictòries sense embuts. Un dia signa una declaració política que demana la integració del País Valencià en l'Institut Ramon Llull, organisme que té com a objectiu promoure la llengua i la cultura catalanes de manera semblant a com fa l'Institut Cervantes amb el castellà. Dies més tard, afirma taxativament i reiteradament davant una càmera de la segona cadena de la Televisió Espanyola que els valencians tenim una llengua pròpia i que no és català, que és valencià. Aquest no és un fet aïllat, sinó part d'un comportament ambigu, que ja es va adoptar durant la negociació de l'Estatut, com ens recorda Adolf Beltran:

[63] Adolf Beltran, «Demagogia», *El País*, 10 de juny de 2002.

> No exagere si afirme que la norma implícita més perdurable en l'actitud dels socialistes (originada en la voluntat de «pacificació civil» que havia justificat el pacte estatutari) va ser la del màxim refredament dels perfils més valencianistes de la construcció de l'autonomia (amb conseqüències com l'autocensura i l'ambigüitat pel que fa als conflictes linguisticoculturals més punyents, la cessió d'amplis espais d'opinió pública a la dreta i a l'anticatalanisme i l'escassíssim nivell de relacions institucionals amb Catalunya).[64]

Des del moment actual, Muñoz descriu aquest comportament de la manera següent:

> El partit socialista [...] navega entre la fidelitat parcial a una concepció nacional del país, ben present en la cultura política de la seua àrea d'influència, i la vinculació a propostes i actuacions d'un signe contrari, reforçades darrerament per l'onada neoespanyolista i també per la perplexitat derivada de la feblesa nacionalitària constatada una vegada més.[65]

Aquesta és la Pax Zaplana i les seues conseqüències. Què seria la guerra?

---

[64] Adolf Beltran, *Els temps moderns. Societat valenciana i cultura de masses al segle XX*, València, Tàndem, 2002, p.237.

[65] Gustau Muñoz, *A l'inici del segle. Un dietari de reflexions*, València, Tres i Quatre, 2002, p. 181.

AMBIGÜITATS I CONTRADICCIONS

Com hem vist, la instrumentalització política del conflicte lingüístic adopta diverses formes. La dreta l'ha instrumentalitzat a les «clares» des de les primeres incursions en aquesta qüestió per la Unión de Centro Democrático, el desaparegut partit de la transició. Seguint la línia d'actuació encapçalada per alguns polítics de la transició, la consolidació de la idea ve de la mà d'Unió Valenciana, amb l'anticatalanisme ferotge com a únic ideari. L'ascens del Partit Popular en el panorama polític espanyol va repetir-se en l'escenari valencià i va aconseguir eclipsar els regionalistes, integrats inicialment en el primer mandat popular i després fagocitats per aquells amb qui havien compartit responsabilitats de govern. La desaparició dels regionalistes semblava haver deixat en un segon pla la llengua com a instrument electoral. Però els canvis polítics, la proximitat de les eleccions del 2003 i la por a perdre la part dels vots vinculada a l'anticatalanisme, han fet ressorgir la instrumentalització del tema del valencià.

Si la dreta ha jugat de ple a la instrumentalització, l'esquerra sovint ha jugat a l'ambigüitat. El conflicte, que es podria haver resolt fa temps, es va perpetuar per la por d'incloure en l'Estatut la filiació del valencià a la llengua catalana. A les Balears, autonomia que durant anys no s'ha caracteritzat precisament per governs d'esquerres, el tema es va tancar fa temps: el català és la llengua pròpia de les Illes, cosa que no trau que es fomente i es reivindique la seua (les seues) manera (maneres) de parlar.

Actualment, el Partit Socialista del País Valencià sembla contribuir al conflicte mitjançant una política que, més que ambigua, arriba a ser contradictòria. Una política que pot acabar assumint els mateixos principis que la política del PP, tot i que es manté un cert respecte per les autoritats acadèmiques. El passat 3 de juliol de 2002, La 2 va emetre una entrevista a Joan I. Pla dins del programa *El Tercer Grado*. En la presentació prèvia a l'entrevista, s'anunciava «amb bombo i platerets» que l'interés per entrevistar el secretari general del PSPV es basava fonamentalment en el fet que «por fin la lengua valenciana va a separarse de la catalana». L'afirmació sorprén (o no) perquè no es coneixen llengües que estiguen casades ni crec que aquestes «separacions» siguen fets anunciables.

Durant l'entrevista, el tema de la llengua va ser un dels punts centrals, gairebé l'inicial, cosa que crida l'atenció en l'entrevista a un polític. No s'entén com aquest tema pot ser central i considerar-se «d'interés general», d'«interés polític» màxim. Sembla més rellevant parlar de política social, d'educació, de sanitat, etc.

Significativament, abans de parlar el tema de la llengua, l'entrevista va començar atacant el tema del nacionalisme. Pla va dir que no era nacionalista; es definia com a partidari del federalisme i considerava que el nacionalisme aboca irremeiablement a la violència. Malgrat això, no es va sorprendre quan l'entrevistador li va preguntar pel problema d'interés «nacional» que és la Llei de Partits. Tot seguit, el presentador va passar al tema de la llengua i el secretari general del PSPV va precisar que el català és el català i el valencià és el valencià. L'entrevistador va insistir en el tema de la llengua assumint que Pla compartia amb ell la idea que el valencià és una llengua diferent. El polític valencià va insistir que «tenim una llengua pròpia» i, davant la pregunta directa, va afirmar que no acceptava la idea d'una llengua comuna, la catalana és clar. A propòsit de les recents declaracions del president de la Real Academia Española de la Lengua sobre la unitat de la llengua catalana, li van demanar si creia que aquesta institució canviarà la definició de valencià i va dir que no ho creia possible, ja que «acadèmicament, el valencià és un dialecte del català».

Davant d'aquestes declaracions, un ja no sap què pensar. En paraules de Pla, acadèmicament el valencià és un dialecte del català i, políticament, el valencià és una llengua diferent (per pròpia).

Fent una comparació fàcil i exacta, imagineu que en La 2, la cadena dels documentals i dels telenotícies «cultes», es diu que «por fin la lengua argentina va a separarse de la española». Què hauria passat? Quina hauria estat la reacció generalitzada? Ningú que no estiga encegat per una mania persecutòria a tot allò que es relacione amb Catalunya o que no busque algun benefici polític (en aquest cas, electoral) no pot dir o acceptar una bajanada semblant.

Tot això suggereix moltes preguntes: Quina política tenim que s'oposa sense rubor a la ciència i a les autoritats lingüístiques? Quina autoritat moral tenen uns polítics que, en comptes de fer una oposició clara i oberta a actituds irracionals i irrespectuoses, s'hi sumen participant en accions i declaracions que, sota el lema de la «pacificació lingüística», atien el foc de la guerra i la destrucció dels valors culturals i científics? Realment, val la pena? Realment, pensen guanyar les eleccions, els uns i els altres, així?

LA INVOLUCIÓ

La lectura de certs escrits, vistos des de la realitat actual, ens permet constatar que, lluny d'haver avançat en la solució d'un conflicte creat artificialment i basat en l'interés electoralista de certs partits polítics, la situació va cap a enrere, involuciona.

Vull transcriure una part de l'escrit adreçat per l'Institut d'Estudis Catalans i les Universitats del domini lingüístic català (Xarxa Joan Lluís Vives) al Govern espanyol i al Congrés dels diputats l'any 1996:

> [...] demanem al Govern de l'Estat i als de les comunitats autònomes implicades un reconeixement de la unitat de la llengua catalana, que estén el seu territori de Salses a Guardamar de Segura i de Fraga a Maó i l'Alguer, amb les conseqüències d'ordre pràctic que se'n deriven raonablement. En aquest sentit, volem destacar:
>
> – la necessitat d'establir formes de col·laboració intercomunitària que permetin dotar de coherència els diversos processos de normalització, a fi d'aconseguir la integració i la cohesió de la comunitat lingüística. Això, sens perjudici de la denominació de *valencià* que rep també la llengua catalana al País Valencià;
> – la necessitat de mantenir una sola normativa lingüística per a la varietat escrita que integri aportacions del valencià i de les modalitat illenques, com ha estat pràctica habitual de l'Institut d'Estudis Catalans i de totes les Universitats. Qualsevol atemptat contra aquesta necessitat s'hauria de considerar com una mancança del respecte i la protecció de què han d'ésser objecte

> totes les llengües de l'Estat segons l'article 3.3 de la Constitució espanyola.[66]

El reconeixement que es demanava el 1996, el suport polític a una realitat més que palpable, mai no s'ha produït. Al contrari, són els arguments polítics els que justifiquen la creació d'una Acadèmica Valenciana de la Llengua, que difícilment pot tenir altra finalitat que fer una normativa diferenciada; altrament, poca feina tindria. I són els arguments polítics els que justifiquen l'anatemització definitiva de la paraula *català* en totes les accepcions i usos possibles.

Vuit anys després (el 6 de setembre de 2002), la Xarxa Joan Lluís Vives fa un comunicat arran de l'exclusió del títol de Filologia Catalana com a acreditació del coneixement del valencià:

> Davant la publicació de les ordres de 8 de maig de 2002/4890 i 2002/4892 de la Conselleria de Cultura i Educació del Govern de la Generalitat Valenciana per les quals es fa pública la convocatòria d'accés als cossos docents de professorat, i atès que en els annexos VII i X, respectivament, s'exclou com a acreditació de coneixement de valencià la llicenciatura en Filologia Catalana, l'Institut Joan Lluís Vives manifesta el següent:
>
> 1. La llicenciatura en Filologia Catalana és l'únic títol superior reconegut per l'ordenament jurídic espanyol com a competent en la formació docent i investigadora corresponent a matèries de l'àmbit lingüístic i literari valencià-català. Per tant, els lli-

[66] Institut Interuniversitari de Filologia Valenciana, *Sobre la llengua dels valencians. Informes i documents*, Universitat de València, 1998, pp. 25-26.

cenciats en Filologia Catalana posseeixen l'única acreditació de rang universitari que acompleix el requisit lingüístic establert pel decret 62/2002 de 25 d'abril.

2. Es denuncia l'omissió, en les ordres esmentades, de la titulació de Llicenciat en Filologia Catalana, l'únic títol universitari oficial i amb validesa a l'estat espanyol, d'acord amb el que estableix el Reial Decret 1435/1990 de 26 d'octubre.
3. Es dóna ple suport a les accions legals que puguin emprendre les universitats membres de l'Institut Joan Lluís Vives, 9 de les quals imparteixen la llicenciatura en Filologia Catalana, per defensar els títols que imparteixen i els drets dels seus titulats, i en particular, a les actuacions que, en aquest sentit, estan duent a terme la Universitat d'Alacant i la Universitat de València.

Ara com ara és més veritat que mai que «la fobia de los académicos secesionistas y de los representantes del PP a utilizar el término catalán llega al paroxismo».[67] El «conflicte lingüístic pacificat» és ara més conflictiu que mai. Es repeteixen una vegada i una altra, però amb protagonistes diferents, censures, «neteges culturals» –com en diu Alfons Cucó[68] referint-se a la prohibició d'editorials i publicacions a la fi del franquisme–, insults a autoritats científiques, falsejament de realitats històriques i lingüístiques i un llarg etcètera que ens duria a escriure un altre llibre o, millor, a llegir altres llibres ja publicats.

[67] Ferran Bono i Juanma Játiva, «Los editores denuncian que Educación hace un uso restrictivo de los acuerdos de la Acadèmia», *El País,* 29 de maig de 2002.
[68] Alfons Cucó, *Roig i blau. La transició democràtica valenciana*, València, Tàndem, 2002, p. 33.

La reivindicació de les diferències lingüístiques dins de la norma i la necessitat d'acceptar-les plenament és una tendència que es referma en els darrers anys. L'actitud de les institucions del nostre entorn sembla força positiva. L'Institut d'Estudis Catalans intenta completar la gramàtica i el diccionari amb l'aportació de diferents parlars, conscients que el pes del català central és encara gran i amb la intenció d'avançar en la tasca de vehicular un estàndard assumible per tots els catalanoparlants. La Real Academia de la Lengua Española sembla també cada vegada més receptiva a la realitat dels parlars d'ultramar.

El centralisme és un dels conceptes invocats, junt amb el d'imperialisme, per rebutjar qualsevol al·lusió a la catalanitat del valencià. «Els catalans ens volen colonitzar i el primer pas és la llengua», pensen alguns, perseguits per un fantasma instal·lat en el seu imaginari.

El fantasma de l'imperialisme català va prendre força durant la transició i posteriorment va créixer en l'inconscient col·lectiu de la mà d'Unió Valenciana. Explica Cucó que el 1977 Vicente Giner Boira, candidat al Senat per Alianza Popular, va inventar que els catalans distribuïen pels carrers de València bitllets de cent pessetes i senyeres catalanes per apropiar-se de la voluntat dels seus habitants.[69] Fins a aquest punt arriba el despropòsit i la fòbia.

[69] Alfons Cucó, op. cit., p. 75.

Joan Fuster, amb l'encert que el caracteritza, desfà el mite del centralisme i el situa en els termes justos:

> Els «centralismes» són més fantasmagòrics que res. Jo encara no he conegut un sol barceloní respectablement «centralista». Per contra, n'he trobat molts que ignoren la seva missió de «centre». Quan sento un alacantí queixar-se del «centralisme» de València, m'entren unes dramàtiques ganes de riure, superiors a les meves forces. No hi ha «centralisme» a Barcelona ni a València: no «centralisme» o «centralitat», sinó inhibició, autosuficiència mediocre, manca d'imaginació civil...[70]

Com diu Fuster, el centralisme (l'imperialisme) català o valencià és un fantasma que ronda el qui s'autoqualifica com a perifèric (colonitzat). Si d'alguna cosa es pot acusar «centres» com Barcelona o València no és d'intervencionisme, sinó, al contrari, d'ignorància i d'inhibició, com a efecte d'una pretesa autosuficiència. L'alacantí o el castellonenc menysprea el valencianet. Els valecianets desinformats i manipulats menyspreen el barceloní, convertit per l'art de la generalització, en representant de tots els catalans. I el comportament es repeteix a major o menor escala pertot arreu: els catalans de «província» es burlen dels «camacos» que van de Barcelona a la muntanya el cap de setmana i tot els sembla «que maco!», i podríem continuar i continuar.

A la llista d'actituds més reals que el centralisme que apunta Fuster – inhibició, autosuficiència mediocre, manca d'imaginació civil–, jo n'hi afegiria una, que és la mare de totes les

[70] Joan Fuster, *Escrits sobre la llengua*. Introducció i selecció de textos a cura de Marisa Bolta i Toni Mollà, València, Tàndem, 1994, p. 56.

altres: la manca d'informació o, millor, la manca de voluntat d'informar els parlants de tot el territori lingüístic de la realitat lingüística de les altres zones. I la ignorància és el camp de cultiu perfecte del prejudici i de l'error carregat de raó.

L'ANARQUIA PROLIFERADORA D'ANARQUIA

En aquesta pugna entre unitat i diferència, entre centre i perifèria, apareixen els qui volen arreglar el conflicte per la via del mig, per les vies del mig. Fem una llengua més propera al poble i evitarem el rebuig. Conflicte resolt. O no?

Un dels resultats més palpables de la recentment renascuda «polèmica de la llengua» és l'anarquia quant al model de llengua. La reivindicació del caràcter diferenciat del valencià, de manera explícita o implícita, ha donat lloc a la proliferació d'alternatives a una llengua culta que, des de les Normes de Castelló, s'acceptava amb poques vacil·lacions i variants. Aquestes alternatives naixen, majoritàriament, de la reivindicació d'un model de llengua formal més acostat a la llengua col·loquial, a la «parla», com si la parla fóra una estructura monolítica i clara.

Es preconitzen canvis que en molts casos fins i tot es podrien admetre (o fins i tot estan admesos) si no fóra perquè l'efecte final que crea tot això és l'anarquia. Com ens deia Fuster, no hem d'oblidar que la norma es refereix a la llengua culta, amb diferents graus d'adaptació a situacions comunicatives diferents (registres), però culta al capdavall.

> Aquells qui demanen que l'«escriptura» s'acosti a la «parla», ¿què volen dir?... Quan, a França, algú s'anima a reclamar una tal equiparació –i rarament passa–, la «llengua parlada» que té en compte és, vulgui o no, una llengua ja sotmesa al tamís «culte», i solament «contraacadèmica» en un grau molt mediocre. [...] En tots els idiomes estabilitzats trobarem el mateix límit. El català no és un idioma estabilitzat, i fins que no ho sigui, el seu risc és l'anarquia proliferadora d'anarquia, comarcalista, raquítica, instintiva... De vegades, entre els escriptors del país, s'incuba un

> remordiment alarmant: ¿no estarem «distanciant-nos» del poble, per fidelitat a la gramàtica? La pregunta és bastant lògica. El nostre poble, en efecte, no rep la gramàtica allà on hauria de rebre-la: en píndoles didàctiques a l'escola; en formes insensibles, per mediació de la premsa i dels altres instruments de difusió mecànica. En realitat, la «gramàtica» no s'aparta massa de la llengua parlada, però tampoc no podia no apartar-se'n.[71]

L'anarquia proliferadora d'anarquia. Heus ací el límit que estem tocant. La norma culta era una, la qual cosa no implica que fóra monolíticament uniforme. Però en l'actualitat sembla que tornem enrere. Sota l'ombra de la confusió i la manipulació, proliferen normes i subnormes: la de la Conselleria d'Hisenda, la de la Conselleria de *Mig* Ambient (sort que no és complet), la de l'Institut Interuniversitari de Filologia Valenciana, la de la Televisió Valenciana, la dels llibres de text, la dels «pancatalanistes», la dels «realistes», que entenen que la norma que s'ha aplicat des de fa dècades, ara no és adequada. L'anarquia proliferadora d'anarquia.

> ...fora de la «gramàtica», fora del «comú denominador» –vigent, o en tot cas, acceptable, tant per a Sueca com per a la Barceloneta, per a Andorra com per a Felanitx, per a Gràcia i per a Perpinyà–, tot són «fets diferencials».[72]

Algú es beneficia d'aquesta olla de grills i alguna cosa, el valencià, els valencians, n'ix perjudicat. I la solució del

[71] Joan Fuster, *Escrits sobre la llengua*. Introducció i selecció de textos a cura de Marisa Bolta i Toni Mollà, València, Tàndem, 1994, ps. 44-45.
[72] Joan Fuster, op. cit., p. 45.

punt intermedi, que cobra força en els darrers anys, com una mena de síndrome d'Estocolm davant el segrest mental a què ens sotmeten els poders polítics i mediàtics, no és una bona solució. Entre ser animal o vegetal no hi ha punts intermedis, si els experiments científics no ho fan possible. Entre la ciència i la manipulació no hi ha punts intermedis.

LA NORMATIVITZACIÓ DE LA DIFERÈNCIA POT IMPEDIR L'ARTICULACIÓ D'UN ESPAI COMÚ?[73]

La pregunta que se'ns planteja resulta difícil de contestar, potser perquè la resposta és massa òbvia. Deixeu-me utilitzar un símil. Quina seria la resposta si us preguntaren: penseu que la substitució de l'estructura de compartiments dels trens per l'estructura de fileres dificulta la comunicació entre els viatgers? La resposta no pot ser més que *sí*. Factors físics i culturals fan que la nostra predisposició a la conversa es veja afavorida per la posició front a front amb l'interlocutor i quede, en canvi, dificultada o barrada si aquest es troba a un costat o, encara més, d'esquenes, com s'esdevé en l'estructura de fileres.

Les normes lingüístiques –i sobretot les ortogràfiques–, igual com les normes socials, afavoreixen o dificulten unes altres normes, les de conducta lingüística. De la mateixa manera com la persona «atrapada» en el compartiment d'un tren diürn –les restes del famós *borreguero*– pot optar per no participar de la conversa que, amb tota probabilitat, algun dels viatgers activa en un moment donat, la comunitat de normes no garanteix la participació en un únic espai cultural. Tenim casos claríssims d'un grau molt alt d'unitat normativa que no es correspon amb un espai cultural compartit o, si més no, homogeneïtzat.

---

[73] M. Josep Cuenca (1998), «Ací enfront d'ací. La normativització de la diferència pot impedir l'articulació d'un espai comú?», *Caràcters* 5, Segona època, octubre de 1998, p. 25. Es tracta d'un article que conté la meua resposta i la de Joan Francesc Mira a la pregunta plantejada. Reproduesc a continuació la meua resposta i hi afegesc a la fi de l'apartat algunes citacions de la resposta de Mira.

Pensem només en el cas dels Estats Units i Gran Bretanya, que ens és el més familiar.

Ara bé, el fet de viatjar «d'esquena» a la resta de viatgers –o siga, la fixació d'una diferència que vaja més enllà del respecte bàsic que admet un estàndard–, i especialment si aquesta es fa amb la intenció de «no conversar», és gairebé segur que impedeix la creació o el manteniment d'un espai cultural comú. I més encara quan l'espai és feble i només reconegut per una minoria, encara que, paradoxalment, siga aquesta minoria la que porta l'estendart de la vida cultural del país.

Vol dir això que el fet de compartir una cultura ha d'implicar una anul·lació de les diferències lingüístiques? Taxativament, no. No obstant això, la diferència s'ha de reivindicar al lloc adient, en el marc d'un estàndard comú.

Però no ens equivoquem. El nostre problema és un altre. La de vegades ingènua i sovint malintencionada projecció de les relacions lingüístiques i culturals en les línies imaginàries que separen demarcacions politicocadministratives, ens duu a situacions tan absurdes com la que patim els valencians. L'escull no és una norma monocèntrica i «subordinada» a la d'altres demarcacions administratives, sinó la instrumentalització fàcil d'un sentiment que, en versió local, podríem denominar com *lo nostre* o *que no mos furten la paella*, sentiment clarament malaltís, paranoide, que alguns exploten i uns altres deixen explotar amb finalitats que res tenen a veure amb la cultura o amb la *valenciania* de cor i de pensament.

Però, alerta, la cultura valenciana, en el món de l'aldea global, té poques possibilitats de tirar endavant si no s'alia (sense per això anul·lar-se o alienar-se) amb una cultura que no tinga com a objectiu fagocitar-la. La cultura valenciana, si s'entén com a part de la cultura catalana (però no necessàriament «de Catalunya»), té possibilitats de desenvolupar-se i sobreviure. La incultura valenciana, en canvi, no en té cap possibilitat.

Postdata

A la mateixa pregunta, Joan Francesc Mira responia amb un escrit contundent en el qual es declarava partidari de continuar la línia ja seguida per l'Institut d'Estudis Catalans: fer un reconeixement mutu de formes diferents però adequades a la llengua formal com a variants territorials de la llengua comuna. Si reconéixer la diferència vol dir això, segons Mira, anem pel bon camí. Però l'autor expressava també el temor que no fóra aquesta la normativització de la diferència que teníem a portes. Amb una visió de futur que poc té d'astrologia i que s'ha acomplert fil per randa, escrivia:

> Tinc por, però, que les coses puguen anar per un altre camí: pel camí de la política, per a ser exacte. Que les pressions (la ideologia, els interessos i el desinterès, la violència, les passions, els partits, el poder...) que han conduït a una inevitable Acadèmia, porten també a unes gramàtiques, uns llibres de text, unes «normes», un vocabulari, unes lectures restrictives, uns autors només regionals, i una visió de la història de la llengua, de la cultura i la literatura tan limitadament i excloentment *valencianes* que aconseguiran, per fi, l'objectiu de tota la maniobra: la segregació *de facto* després d'haver-la obtinguda per pactes i per llei.

I acaba amb la sentència final:

> I si això s'aconsegueix –amb aplaudiment i satisfacció generals, pel que hem vist–, queden pocs dubtes sobre el destí d'una petita sub-llengua semiregional, progressivament minoritària, prescindible i marginal en el propi territori i la pròpia societat. El destí d'una branca quan la tallen de l'arbre. [...] Això sí, durant algun temps (quant de temps?) alguns es distrauran estudiant les fulles seques, i uns altres faran negoci traficant amb llenya.[74]

[74] Joan Francesc Mira (1998), «Ací enfront d'ací. La normativització de la diferència pot impedir l'articulació d'un espai comú?», *Caràcters* 5, Segona època, octubre de 1998, p. 25.

Explicacions

Com a resultat de la història recent i passada, el valencià es troba en una situació d'inestabilitat. La normalitat lingüística i cultural demana l'afiançament d'un estàndard que puga permetre l'ensenyament i l'ús normal de l'idioma. Per a això és important entendre què és una llengua i què és un dialecte, què és la norma, com s'integren la realitat diversa de les parles amb la necessitat d'un codi comú i clarament definit, com s'ha d'ensenyar aquest codi comú. Heus ací algunes explicacions necessàries per a entendre que el valencià no és diferent del català, tot i que sí que és diferent.

Feia pocs mesos que havia començat a estudiar portugués. Tenia intenció d'anar al Brasil; m'agraden els idiomes i per a mi és un gran plaer parlar la llengua dels llocs que visite. Vaig pujar a l'avió de la companyia brasilera Varig amb la intenció decidida de posar en pràctica els meus pocs coneixements de portugués. L'hostessa se'm va apropar demanant-me què volia prendre. Volia un café amb llet; el tema dels bars, l'havíem estudiat feia poc i recordava que hi havia moltes paraules diferents per al café amb llet, segons la proporció dels dos líquids. Amb poc de temps per a pensar, vaig dir el primer que em va venir al cap: «Um garoto, si faz favor.» L'hostessa em va mirar perplexa esperant un aclariment o una rectificació. Davant la seua reacció i a risc de no prendre res per un problema comunicatiu, vaig optar per la descripció pura i dura, sense exhibicions lingüístiques: «Café com leite.» Amb el tallat a la mà, el meu instint de lingüista em va fer reflexionar sobre el que havia passat. *Garoto* en portugués de Portugal és un tallat, però en portugués del Brasil vol dir un xic. Li havia demanat un home!

Totes les llengües tenen diferències que ens permeten dividir-les en parlars o dialectes geogràfics, i dins d'aquests en subdialectes, parles locals, etc.[75] Les diferències més cridaneres són les que tenen a veure amb la pronúncia i amb el lèxic, sobretot el lèxic més col·loquial. Per exemple, la *creï-*

[75] La resta de l'apartat és una versió del text apareix en el llibre de l'Institut Interuniversitari de Filologia Valenciana, *Guia d'usos lingüístics 1. Aspectes Gramaticals*, València, IIFV, 2002, pp. 15-16.

lla de la majoria dels parlars valencians, és *patata* en la major part dels parlars catalans i baleàrics, i *trumfa* a Andorra i en algunes comarques lleidatanes i gironines. Però sense creuar fronteres polítiques, la creïlla és *pataca* en algunes comarques castellonenques i en valencià podem denominar una mateixa verdura com a *pimentó, pebrera* o *bajoca*. La variació lingüística es dóna en tots els nivells i no implica un canvi de llengua.

La diversitat dins d'una mateixa llengua té molt a veure amb la distinció entre oral i escrit. L'oral, on la pronúncia es manifesta plenament i l'ús té un grau menor de formalitat fins i tot en registres especialitzats i cultes, és menys homogeni que l'escrit, el qual ha passat pel sedàs de l'ortografia i de la formalitat que típicament s'associa amb la major part de comunicacions escrites.

Les diferències entre parlars d'una mateixa llengua solen ser graduals; així, la parla d'algú de Vinaròs és molt més pareguda a la d'algú de Tortosa que a la d'un parlant de València, malgrat la Sénia i la frontera administrativa que separa territoris units lingüísticament i culturalment. De manera semblant, si sentim parlar algú de Fraga (la Franja de Ponent, administrativament Aragó), podem pensar fàcilment que és algú procedent de les comarques del nord de Castelló. Semblances i diferències van més enllà de les divisions històriques i administratives. I, al contrari, tots notem i fins i tot ridiculitzem diferències que hi ha d'un poble a l'altre.

Així, és un fet fàcilment comprovable que el que denominem *llengua* no té una concreció única: tots parlem una –o diverses– llengües, però ho fem de maneres diferents segons on hem nascut, l'edat que tenim, la nostra professió i la situació comunicativa en què ens trobem. En aquest sentit, LA LLENGUA, no la parla ningú i la parlem tots. El concepte de llengua no és més que una abstracció que ens permet denominar i entendre com a conjunt una gran multitud de formes expressives, que comparteixen una gramàtica i un lèxic més o menys ampli.

En l'àmbit de la lingüística, les diferents varietats generals de la llengua segons factors relatius als parlants (lloc i temps en què viuen i grup social a què pertanyen) es denominen *dialectes* (geogràfics, històrics, socials); les varietats relatives a les diferents situacions comunicatives en què es pot trobar un mateix parlant, es denominen *registres*.

El concepte de llengua és, doncs, indestriable del de dialecte; de fet, el que les persones parlem són sempre dialectes, és a dir, manifestacions concretes de la llengua, la qual, com a entitat abstracta, es converteix en dialecte quan passa de l'abstracció a la concreció. Científicament, el terme *dialecte*, per tant, no té cap mena de connotació valorativa i molt menys despectiva.

Col·loquialment, el terme *dialecte* s'aplica només als dialectes geogràfics, això és, a les diferents maneres de parlar segons l'espai. A més, es carrega d'una connotació negativa pel fet que es pensa que la llengua és patrimoni només d'alguns parlants –els que viuen a la capital, els que tenen més prestigi, més poder econòmic...– i la resta parlen dialectes. Aquesta idea és completament incorrecta des d'un punt de vista científic i parteix de prejudicis.

El valencià té una entitat ben definida dins del conjunt de parlars que, científicament, es denomina català, ateses les coincidències gramaticals i lèxiques que els uneixen. Aquestes coincidències relacionen directament el valencià amb el català nord-occidental –parlat al sud de Tarragona, a les comarques de Lleida i a la franja de Ponent a Aragó– i el diferencien relativament dels parlars que constitueixen el català oriental: el central –parlat a les comarques de Barcelona, de Girona i part de les de Tarragona–, el septentrional o rossellonés –parlat al nord del Principat i al sud de França– i el baleàric –parlat a les Illes Balears–, fonamentalment.

La denominació *valencià/llengua valenciana* té una llarga tradició, basada en motius històrics i sociolingüístics. La preponderància que el Regne de València va tenir durant el que es considera el Segle d'Or de la literatura catalana, el XV, va fer que l'orgull de ser valencià es manifestara amb un nom diferenciat per a la llengua. L'adjectiu *valenciana* es va entendre durant molts segles en sentit geogràfic (llengua de les terres valencianes) però sense implicar un valor excloent (llengua diferenciada de la llengua comuna dels territoris catalanoparlants de la Corona d'Aragó).

Aquesta denominació i la tradició amb què compta no ens ha de fer oblidar el que, des del punt de vista de la descripció lingüística, és una evidència: el valencià és una de les grans formes que adopta el català. No s'han d'entendre, doncs, com a termes excloents: parlar valencià és una manera de parlar català i no parla un català millor un barceloní que un castellonenc o un saforenc només pel fet d'haver nascut en un lloc o l'altre.

PER QUÈ UNA NORMA COMUNA?

Vaig entrar en un bar d'un campus universitari als Estats Units. Pràcticament, acabava d'aterrar-hi i, encara que la llengua m'era familiar, els costums m'eren completament aliens. Vaig fer cua per demanar un sandvitx mentre pensava de què el demanaria. Em va tocar a mi:

–Un sandvitx de tonyina, per favor.

–Amb quin tipus de pa?

–Què? –vaig preguntar sorpresa per una pregunta que no esperava.

–Amb quin tipus de pa: blanc, integral, de nous, de llavors…?

–Blanc.

–Amb ceba, tomaca, enciam…?

–Pot repetir, per favor? –la insistència de les preguntes em posava nerviosa i això em dificultava la comprensió del que em deien.

–Amb ceba, tomaca, enciam?

–Amb ceba no...

–Ho vol amb tot? –va afegir la cambrera per intentar acabar ràpid.

–Amb tot –vaig repetir inquieta per l'inesperat interrogatori.

–Quin tipus de salsa: francesa, de iogurt, de roquefort, italiana…?

–Qualsevol.

–Quin tipus de salsa? –va insistir la cambrera exasperada davant la meua actitud poc col·laboradora.

–Italiana –vaig repetir l'últim nom que m'havia dit.

–Un dòlar trenta, per favor.

Mentre parlàvem la cambrera i jo, les persones que hi havia darrere de mi em miraven estranyades o, més aviat, indignades. Com em costava tant decidir quin tipus d'entrepà volia? Amb l'entrepà ja a la mà, vaig pensar si no hauria estat millor haver anat a un supermercat, agafar un sandvitx empaquetat i pagar-lo sense més paraules. El que havia passat és que jo no compartia unes normes, en aquest cas de comportament comunicatiu, amb els meus interlocutors i ells no consideraven que el fet de ser estrangera fóra cap mena d'atenuant.

La comunicació es basa en unes normes compartides, normes lingüístiques, normes d'ús lingüístic i de comportament comunicatiu. Si les normes no són compartides, la comunicació es posa en perill. La variació lingüística pot tenir, en certs contextos, una influència comunicativa com la de l'exemple: pot obstaculitzar la transmissió dels missatges.

És una evidència que una llengua necessita unes normes comunes per a poder ser usada en totes les funcions que demana la societat actual.[76] Aquestes normes són, en primera instància, gramaticals i demanen un acord que permeta simplificar la variació de què hem parlat en el capítol anterior. La variació per lloc de naixement, edat o professió es produeix de manera espontània, sense intervenció conscient i reguladora de l'home o de cap institució. Aquesta variació constitueix la riquesa de la llengua, però, alhora, pot generar problemes pràctics per a certes funcions com l'escriptu-

[76] La resta de l'apartat és una versió del text que apareix en el llibre de l'Institut Interuniversitari de Filologia Valenciana, *Guia d'usos lingüístics 1. Aspectes Gramaticals*, València, IIFV, 2002, pp. 16-17.

ra o l'ensenyament. Us imagineu que voleu aprendre una llengua estrangera i per a cada qüestió us donen un llistat de sis possibilitats diferents, segons en quin lloc us trobeu? En un cas així, és normal optar per una llengua que tinga unes normes clares, que no ens obliguen a prendre decisions a cada moment.

Una llengua que no té unes normes comunes només pot ser usada en l'àmbit familiar, on les diferències entre els parlants són mínimes ja que afecten un nombre reduït de persones. Una vegada eixamplem l'àmbit de comunicació, les diferències es fan més i més grans i els tipus de relació lingüística que demanen un acord general es veuen dificultats. La manca d'una norma comuna, a la llarga, implica la desaparició de la llengua: els parlants que no troben una varietat adient per als àmbits no familiars –un estàndard– dins de la mateixa llengua, la busquen en una altra llengua i aquesta esdevé una candidata òptima per a substituir-la. Tots coneixem molts casos així en les nostres famílies o en els nostres amics, que en família o entre amics parlen valencià, però en una reunió de treball o amb desconeguts, fins i tot si els interlocutors parlen en valencià, s'expressen en castellà. Quan el procés arriba a la majoria o a la totalitat dels parlants, la llengua mor.

Les propostes que insisteixen en la defensa de les diferències, de la llengua com cadascú la parla, obliden la necessitat d'una llengua comuna i estable. Aquesta necessitat es demostra pel fet que, quan una llengua no té un estàndard fixat i conegut, aquest es busca en una altra llengua, més prestigiosa. Es produeix així el que es denomina diglòssia, és a dir, l'ús d'una llengua per a les situacions formals i d'una altra per a les situacions no formals, que és el pas previ a la substitució lingüística de la segona llengua (la llengua B) per la primera (la llengua A). Aquesta és una situació que molts dels valencians experimenten en l'ús del valencià i el castellà.

L'única manera d'evitar la diglòssia i la substitució lingüística és l'*estandardització*, és a dir, la creació, la difusió i l'acceptació per part dels parlants d'un model referencial que denominem *estàndard*. L'estàndard és una varietat lingüística no creada espontàniament: es basa en un model lingüístic proposat per una autoritat lingüística i es fixa a partir de l'ús formal, en especial el de persones que tenen una projecció d'un abast ampli com escriptors, polítics, periodistes, etc. Es tracta d'un model de referència que serveix a tots els membres d'una comunitat lingüística per a comunicar-se en els àmbits formals. Per això ha d'intentar incorporar els aspectes comuns de les diferents varietats de la llengua i excloure'n els diferencials o, en el cas que calga triar-ne un entre diferents possibilitats, ha de seleccionar aquell més genuí, més general o de més tradició. S'aconsegueix, així, facilitar la comunicació entre parlants de diferents zones geogràfiques, per la qual cosa se sol parlar de l'estàndard com una varietat supradialectal.

El món de principis del segle XXI es mou entre la reivindicació constant del respecte a la diferència i la diversitat, i la imposició real i imparable del pensament únic. En aquest context, en el cas d'una llengua no normalitzada, no afiançada en el seu entorn social, l'estàndard pot ser interpretat no com un instrument, una ajuda a la comunicació en àmbits amplis, sinó com una imposició que coarta l'expressió «lliure», espontània, que representa la llengua familiar.

Aquesta concepció parteix d'una visió poc científica i objectiva del fet lingüístic. Fa temps, vaig llegir un article de l'assagista i periodista alacantí Vicente Verdú, que em va cridar molt l'atenció. La frase final de l'article «El valenciano» afirmava: «El catalán es bueno para los catalanes, pero, a la fuerza, no puede ser bueno para nadie más».[77]

Aquesta frase, que segur que va comptar amb l'acceptació i l'aplaudiment de moltes persones que, com ell, segurament no se solen expressar en valencià, és sorprenent per la formulació que té (una cosa és bona o no és bona, però no hi té res a veure la força) i assumeix el principi que la filiació lingüística d'una llengua és una qüestió d'exercici de la llibertat. Ignora Verdú que les qüestions de llengua no són qüestió d'opinió sinó de coneixement.

No és estrany sentir aquest tipus de reivindicació de principi en boca de persones que no utilitzen el valencià o

[77] Vicente Verdú , «El valenciano», *El País,* 24 de maig de 1997.

que, si ho fan, només és en contextos informals o festius. Ja ho deia Fuster: «Tant de "valencianisme" fictici no és més que "castellanisme" mal dissimulat».[78] La major part de persones que conec que usen el valencià en la vida normal, més enllà d'un ús familiar o col·loquial, els que el transmeten als seus fills, els que escriuen llibres de qualsevol matèria o fan conferències en la llengua dels valencians saben (no creuen) que, es diga com es diga, és la mateixa llengua que parlen lleidatans o menorquins. Un fet és clar: la majoria de parlants (potser amb l'excepció dels habitants de la zona) tindrien problemes per decidir si una persona és de Vinaròs (província de Castelló) o de Tortosa (província de Tarragona). I com s'entenen persones de Barcelona, València i Mallorca parlant les seues respectives modalitats si no és perquè parlen la mateixa llengua? Algú em pot retrucar que ell o ella no entén els mallorquins o els barcelonins. Quan no se'ls entén és, en alguns casos, per falta d'hàbit de sentir l'altra modalitat o, en la majoria de casos, perquè es parteix del supòsit que són llengües diferents i aquest prejudici impedeix o dificulta la intercomprensió. En el cas del català, a diferència del que s'esdevé en llengües amb una situació sociolingüística normal, encara falta la pràctica de comunicar-se en varietats d'un mateix sistema, la qual cosa es relaciona amb el fet que si parlem amb desconeguts o amb gent d'altres terres l'instint més immediat de molta gent és parlar en castellà.

---

[78] Joan Fuster, *Escrits sobre la llengua*. Introducció i selecció de textos a cura de Marisa Bolta i Toni Mollà, València, Tàndem, 1994, p. 108.

Alguns dels prejudicis que s'associen amb els fets que comentem tenen a veure amb l'anticatalanisme que impregna la societat espanyola, en general, i la valenciana, en particular. Altres tenen a veure amb una concepció errònia de l'estàndard, com a imposició limitadora de la llibertat lingüística. Aquesta concepció, però, només s'aplica a algunes llengües, les minoritzades. No es planteja, en canvi, amb llengües que tenen una situació normal, com l'anglés o el castellà, on l'estàndard sembla no existir o, en tot cas, sembla ser un fet espontani i natural que no s'aprén per imposició. Però això no és així. Només cal sentir alguns programes de la televisió espanyola amb participació de públic per comprovar que no tots els parlants d'espanyol practiquen el seu estàndard. Tanmateix, a ningú se li acut reivindicar l'acceptació d'expressions com *tener indiferencias* per *tener diferencias, grandes suficies* per *grandes superficies* o *candelabro* per *candelero.*

L'educació lingüística demana aclarir alguns punts pel que fa a la naturalesa de l'estàndard i la relació que estableix, com a varietat no espontània, amb els parlars que conformen una llengua.[79]

a) *L'estàndard no substitueix la varietat pròpia de cada parlant*. Qualsevol parlant culte, a més d'expressar-se espontàniament en la seua varietat (geogràfica, històrica i social), hauria de dominar l'estàndard i hauria de ser capaç de reconéixer varietats dialectals diferents de la pròpia. La

[79] El text que presentem en aquest apartat és una versió del que apareix en el llibre de l'Institut Interuniversitari de Filologia Valenciana, *Guia d'usos lingüístics 1. Aspectes Gramaticals,* València, IIFV, 2002, pp. 17-19.

varietat pròpia s'aprén de manera natural en l'àmbit familiar si estem parlant d'una llengua materna; altres varietats, en canvi, s'han d'aprendre escolarment. L'escola és, doncs, el pilar bàsic –tot i que no l'únic– en què recolza l'aprenentatge de l'estàndard; a més, en l'àmbit escolar s'hauria de promoure el coneixement passiu o receptiu d'altres varietats de la llengua.

b) *L'estàndard no és una varietat geogràfica, sinó un registre*. La llengua comuna no és una manera de parlar que substitueix la nostra manera de parlar familiar, la que hem après i sentit a casa. És un model de llengua adequat a certs contextos comunicatius; es vincula a la comunicació entre parlants de zones geogràfiques relativament àmplies, que poden no compartir les característiques de la nostra parla col·loquial. Entre els coneixements d'un parlant culte, cal que hi haja els continguts i els procediments necessaris per a saber quan triar la varietat familiar –associada amb el registre col·loquial– i quan triar l'estàndard, d'acord amb el grau de formalitat de la situació comunicativa.

c) *L'estàndard no és monolític*. D'una banda, convé no oblidar que, quan ens referim a *estàndard* i *col·loquial,* estem parlant d'abstraccions. Es tracta d'una gradació de formes i usos que ens permet una selecció per tal d'adequar-nos a la situació de comunicació i a la nostra intenció. D'altra banda, l'estàndard incorpora, en major o menor mesura, diferències relatives als grans blocs geogràfics que constitueixen la llengua. Així, se sol parlar de *varietats de l'estàndard* per a donar compte del sistema de diferències que defineixen les grans zones geogràfiques o administratives d'una llengua. Aquestes diferències solen ser més nombroses en el nivell fonètic –en totes les llengües, les diferències de pronúncia són les més abundants i cridaneres– i en el lèxic, i menys en el morfosintàctic. El grau de notorietat que tenen aquests nivells des del punt de vista del parlant mitjà és inversament proporcional al grau de rellevància que tenen des d'un punt de vista científic. En altres paraules, allò que determina més la unitat d'una llengua no és la pronúncia o el lèxic, sinó la morfosintaxi.

L'estàndard català, a més, es pot considerar en gran mesura policèntric i composicional. Es pot considerar policèntric perquè hi ha tres grans varietats de l'estàndard: la valenciana, la central i la baleàrica. Es parla del nostre estàndard com a composicional perquè la norma s'ha construït buscant les solucions més comunes i integrant aportacions de les tres grans varietats lingüístiques i no només d'una, la del català central, com es tendeix a pensar. Identificar el català amb el barceloní és una simplificació que no respon a la realitat i que només contribueix a crear prejudicis i a dificultar la identificació dels parlants amb un estàndard que és molt menys «barceloní» del que els no-experts pensen. Per exemple, l'ortografia, que és un dels aspectes que té un valor més simbòlic i que més problemes crea en l'ensenyament encara que des del punt de vista estrictament essencialista és el menys important, es correspon més amb el valencià que amb cap altra varietat.

En conclusió, l'estàndard és indispensable perquè la llengua puga usar-se en tots els àmbits que implica la comunicació en una societat moderna i perquè una llengua puga tenir continuïtat.

UNA NORMA, MOLTES NORMES[80]

L'estàndard recolza en la *norma*, un conjunt de regles gramaticals i lèxiques que l'autoritat acadèmica corresponent determina que són adequades per als usos formals. Respecte a l'estàndard, la norma seria com les peces del joc de construcció; l'estàndard s'ha de completar, entre altres coses, amb normes d'ús, que són com les instruccions de muntatge.

La norma o gramàtica normativa té com a funció crear un model gramatical de referència. Per això necessita simplificar la varietat que caracteritza la llengua col·loquial reduint-la al mínim indispensable. Així, respecte a la llengua col·loquial (que incorpora totes les varietats geogràfiques), la normativa:

a) exclou les paraules i construccions de la llengua no formal que provenen d'altres llengües (és a dir, aquelles que són fruit d'una interferència d'una altra llengua) i han substituït paraules i construccions genuïnes;

b) exclou o marca com a no preferents en els registres formals les formes que tenen un àmbit d'ús restringit a un grup social o geogràfic, en favor de formes més generals.

En el primer cas (a), és evident que la normativa separa formes correctes de formes incorrectes; per exemple, ens diu que no són correctes formes com la perífrasi *tenir que*, castellanisme per *haver de*, o la paraula *cenicero* en comptes de *cendrer* (derivat de *cendra*).

[80] Aquest apartat és una versió del text que apareix en el llibre de l'Institut Interuniversitari de Filologia Valenciana, *Guia d'usos lingüístics 1. Aspectes gramaticals*, València, IIFV, 2002, pp. 19-20.

En el segon cas (b), totes les formes són correctes, però es diferencien aquelles que són adequades als registres formals de les que no s'adeqüen o s'adeqüen menys a aquests registres. Així, es considera més formal el demostratiu reforçat, *aquest*, utilitzat pels nostres clàssics i forma bàsica en l'expressió culta valenciana des de fa molts anys, que la forma no reforçada *este*, tot i que és igualment genuïna i s'usa en la llengua col·loquial en tot el valencià. Un cas semblant, tot i que no idèntic perquè té una major restricció d'ús en la llengua actual, és el de la forma *detràs*, que s'usava en la llengua antiga i encara ara s'usa en algunes comarques de Castelló; tanmateix, com a forma no general i sense tradició en la llengua formal moderna, no es considera adequada al registre estàndard. La forma estàndard és *darrere*, que s'ha imposat a la variant *darrera*, la qual respon a la pronúncia del català oriental. La forma gràfica *darrera* va deixar d'acceptar-se normativament perquè no és coherent amb l'etimologia de la paraula (del llatí *de retro*).

No obstant això, la norma no es planteja com un seguit de regles que aboleixen completament la variació lingüística. Per exemple, el possessiu en -u- (*meua, teua, seua*) és considerat tan correcte i normatiu com el possessiu en -v- (*meva, teva, seva*); el primer és la varietat valenciana del possessiu que forma part l'estàndard. El possessiu amb -u- és usat de manera general en tot el valencià i té vigència en alguns parlars nord-occidentals i septentrionals de Catalunya i també en zones de les Illes, com Eivissa. La tria entre les dues variants del possessiu (*seua* i *seva*) dependrà de les condicions comunicatives (qui parla, a qui es parla, en quin àmbit d'ús i amb quina finalitat comunicativa).

La norma és clarament una convenció social per la qual una autoritat lingüística reconeguda selecciona unes formes entre un conjunt més ampli de possibilitats a fi de crear un sistema que permeta una comunicació fàcil entre tots els parlants d'una llengua. Les propostes normatives es refereixen als àmbits d'ús formal, ja que és només en aquests àmbits on es fa necessari un acord, l'establiment d'un denominador comú, que facilite la comunicació.

La selecció inherent a la tasca normativitzadora i el respecte de la norma en els nivells formals per part dels usuaris són tan necessaris com l'establiment i el respecte dels senyals de trànsit. A ningú se li acut discutir que el roig indique que ens hem d'aturar i que el verd vol dir que podem passar, encara que tots tenim els nostres criteris cromàtics i estètics. Si no se segueixen aquestes normes, el resultat sol ser nefast.

De manera semblant, cal seguir les normes lingüístiques per evitar el caos, l'anarquia generadora d'anarquia de què parlava Fuster, per evitar la inseguretat lingüística i el consegüent abandó de la llengua com a vehicle de comunicació en registres formals. Els parlants nadius de la llengua i els que la volen aprendre necessiten normes lingüístiques que els puguen servir de referència i els descarreguen de la responsabilitat d'haver de decidir entre formes alternatives, sovint igualment vàlides en els seus contextos no formals respectius.

No podem obviar que moltes actituds negatives respecte a algunes llengües es basen en gran part en la inseguretat lingüística –sovint fruit del desconeixement i la mala informació. L'escola té una gran feina a fer en aquest terreny, al temps que l'administració té la responsabilitat d'evitar la proliferació de suposades «normes» alternatives i variants, si realment està compromesa en el manteniment de la llengua dels valencians.

Salamanca, maig de 2002. Jo assistia a un congrés i, com a activitat complementària, hi havia una visita guiada a la capital cultural europea del 2002: la Universitat, el pati d'Escoles, la catedral nova i la catedral vella... La monumental Salamanca se'ns mostrava plena de bellesa i d'història de la mà d'un professor universitari que devia tenir al voltant de 30 anys.

–El rey X, como no tenía duros, eh... no pudo continuar la obra y ya ves.

–Los tíos estaban cansados de tanta guerra, batalla *paquí* y *pallá* y, pues, como que no tenían ganas de continuar y firmaron una paz.

Entre dades que denotaven una gran erudició, s'escolaven expressions pròpies d'una conversa de café. L'erudició del guia quedava amagada sota una expressió pobra, plena de mots-crossa i tics i del tot inadequada al context i al seu auditori, que estava composat per professors universitaris.

És fàcil observar un empobriment progressiu de l'expressió de les persones, empobriment que no té a veure amb el fet d'utilitzar vocables familiars i fins i tot vulgars, sinó amb el fet d'utilitzar-los en situacions formals i amb el fet de perdre moltes de les possibilitats expressives vinculades als registres formals. La idea que la cultura s'associa molt directament amb la capacitat d'expressar-se de manera diferent segons la situació comunicativa, topa amb un anivellament lingüístic a favor de la col·loquialitat, que significa una simplificació dels recursos comunicatius.

Hem exemplificat el problema amb un cas real d'un parlant de castellà. En aquest context, és evident que els intents per difondre un registre estàndard en català, i sobretot en valencià, van contra corrent. Moviments com «el català que ara es parla» modernitzats sota denominacions com ara *català light* (en contrapartida al *català heavy*), es fonamenten en aquesta tendència a la simplificació, que comporta, a la curta o a la llarga, un esmicolament de la llengua.

La defensa de «el valencià que ara es parla», amb menys teòrics al darrere però més practicants i simpatitzants que la versió catalana, s'ha revestit amb la forma de la defensa de «lo nostre» i del «això no és valencià; és català». El català/el valencià que parlem no identifica un concepte concret, ja que a cada zona, a cada poble, cada persona parla un català diferent, un valencià diferent. Certament, hi ha alguns trets comuns o majoritaris, i aquests fets diferencials han d'estar contemplats en la llengua estàndard. Però confondre els registres formals amb els col·loquials parteix d'una fal·làcia, una fal·làcia que té, indubtablement, una gran rendibilitat política.

La defensa de «lo nostre» és una constant dels moviments polítics que volen mobilitzar les masses amb algun interés concret, que sovint no té res a veure amb el manteniment de les llengües. Penseu que un dels primers defensors de la valenciania ben entesa, Vicente Blasco Ibáñez, feia parlar en castellà als habitants de l'Albufera (i això que és un escriptor naturalista!); escrivia en castellà i no en valencià. I un altre dels defensors de «lo nostre», el president més emblemàtic d'Unió Valenciana, no va transmetre la *nostra* llengua a la seua filla, la qual, com a fallera major –signe màxim de valenciania–, s'adreçava als valencians en un perfecte castellà, que no canviava més que per a l'excels «senyor pirotècnic, pot ascomençar la mascletà».

Hem parlat de la fal·làcia de «la llengua com es parla», que sol coincidir amb el model de llengua que parla la persona que defensa aquesta postura, per motius que poden ser ben diversos. Una altra fal·làcia, que en aquest cas es planteja més aviat entre els especialistes en qüestions lingüístiques, és la que podem resumir amb la màxima «aquesta solució no és viable».

–No pots pretendre que els valencians diguen *començar* en comptes d'*ascomençar*, o que usen *aquest* en comptes de *este*, o que diguen *pateixen* en lloc de *patixen*.

En primer lloc, conec molts valencians que usen la primera de les formes citades (*començar, aquest, pateixen*) quan utilitzen la llengua en contextos formals, com pot ser fer una alocució pública, fer una classe, escriure cartes de caràcter professional, etc. En contextos formals, durant anys, la norma ha estat aquesta i no ha generat problemes de comunicació.

Fuster ens recorda que, a partir de Fabra, la llengua literària catalana quedava definida i, a partir de les Normes de Castelló (1932), era acceptada pels escriptors i gramàtics valencians.

> La «teua» i la «meua», com «cante» i «diga», i les altres minúcies, adquirien un altre sentit, en el nou context: vam procurar que aquestes mínimes «dissidències» tinguessin una justificació en els clàssics, i que, en comp-

tes de ser un tret de separació, fossin una referència històricament unitària. I ací s'acaba l'episodi.[81]

En la llengua culta, que en aquell moment s'identificava amb la llengua literària atés que el català no tenia accés a altres usos formals, els punts diferencials eren mínims i no es consideraven elements d'oposició.

> Enfront del mòdul de «llengua literària» que, de mica en mica, i amb l'expansió de la Renaixença, anava establint-se al Principat, els valencians únicament discrepaven en uns punts secundaris i trivials: mantenien «teua, seua, meua» en lloc de «teva, meva, seva», i tractaven de conservar una sèrie de formes verbals privatives. I ni tan sols, en un principi, fou sentit això com una «discrepància». Al capdavall, també hi havia escriptors de les Illes que escrivien «teua i meua» –encara ho feia Llorenç Riber, per exemple–, i Verdaguer i Maragall mateix usaven sovint «diga» o «siga» en comptes de «digui» o «sigui», d'acord amb una tradició viva de la seva gent. La pruïja localista rarament sobrepassava aquests límits.[82]

En canvi, ara, sota la pluja de la valencianització auspiciada per un conjunt de polítics que no es caracteritza precisament per demostrar amb accions el seu interés real per la llengua, sembla que els usos que s'havien fixat fins ara per a la comunicació formal, no hagueren existit mai.

Tot esborrat. Com la vaga general del 20 de juny de 2002 en contra de la política d'ocupació del govern Aznar,

---

[81] Joan Fuster, *Escrits sobre la llengua*. Introducció i selecció de textos a cura de Marisa Bolta i Toni Mollà, València, Tàndem, 1994, p. 55.

[82] Joan Fuster, op. cit., p. 51.

que, segons la major part de cadenes televisives, no va existir. Els carrers de València eren pràcticament buits, no hi havia cap autobús en servei, molts negocis estaven tancats, però la vaga «havia estat un fracàs», segons periòdics com el *Diario de Valencia* i cadenes com La Primera –no serà primera en objectivitat. Antena 3 donava la notícia de la poca repercussió de la vaga amb un «soroll de fons» dels manifestants, que, indignats davant la manipulació informativa, van tallar el cable a la presentadora. Eren els piquets, quatre tarats que creen crispació en un país tranquil i idíl·lic.

Com deia, una de les especialitats actuals és esborrar fets, negar-los i construir així una realitat a la carta, a la carta del poder polític. De sobte, necessitàvem una institució que ens diguera com hem de parlar i escriure. Ningú no sap com ho havíem fet fins ara. No se sap com havien eixit promocions i promocions de professors de valencià, com s'havien llegit tesis doctorals, com s'havien escrit llibres.

–Era en una altra llengua, la llengua invasora –conclouen personalitats d'una solvència filològica fora de tota mesura (evidentment, no mesurable per nul·la).

Però tornem al motiu que encapçalava aquest capítol. La viabilitat o inviabilitat de certes formes dins de la llengua normativa. Sempre he cregut que la viabilitat s'aconsegueix molt fàcilment: s'adopta una forma en els mitjans de comunicació i en poc de temps és la forma normal. Pensem en el *puenting*, mot d'ús habitual en castellà i encara entre nosaltres, on l'anomalia és doble (per l'anglés i pel castellà). Hi ha paraula més anòmala que la que incorpora un sufix (*-ing*) d'una altra llengua? Però, és clar, això depén de la llengua. Si és l'anglés, no hi ha problema. Tenim desenes d'exemples d'expressions desconegudes que, a través de la televisió sobretot, s'incorporen com a normals en la nostra parla quotidiana. Qui no sap què és un *xat* (o *chat)*? O què és el *software*? Menys persones saben que *software* s'ha de dir programari i *hardware*, maquinari, i encara hi ha menys persones que utilitzen les versions catalanes d'aquests termes de la informàtica. Però aquest és un altre problema.

Dir que no es poden adoptar formes unitàries en la llengua estàndard perquè són inviables no deixa de ser una fal·làcia, si tenim en compte la facilitat amb què s'adopten formes realment anòmales. Ara bé, si els nostres mitjans de comunicació de massa són en castellà, no és estrany que no es puguen vehicular més formes que les castellanes (o les angleses).

LA INÈRCIA I ELS COSTUMS

Els usos lingüístics, com tot allò que es fixa per repetició, manifesta una resistència al canvi o, dit d'una altra manera, és víctima de la inèrcia. Encara recorde quan, el 1983, van començar les emissions de la TV3. Poc de temps abans, una de les sèries que va marcar època va ser *Dallas*, encapçalada per un Bush qualsevol, en J. R., que en comptes de presidir un país, presidia una empresa petroliera. Si voleu, era un culebró; però, és clar, si són nord-americans, els culebrons no són culebrons, que són sèries. Quan ningú no hauria connectat la televisió per mirar una sèrie mexicana, tothom es concentrava al voltant de la tele per veure les noves maldats que tramaven en J. R., la Sue Ellen i tota la colla, a costa del pobre Bobby Ewin, el germà bo (l'únic de tota la família) i la seua esposa, la Pamela.

Acostumats a mirar les peripècies d'uns potentats nord-americans en castellà, el primer capítol en català fou la fi del món. Com era possible imaginar que Jota Erre parlara en català? Això no era versemblant. I certament no ho era. Però ho era tan poc com que J. R. parlara en castellà o com que els pobres indis americans s'adreçaren en castellà als colons anglesos que volien ocupar les seues terres en els centenars de pel·lícules de vaquers que sense descans poblen algunes cadenes televisives. El pas de Jota Erre (en castellà) a en Jota Erra (en català) fou un pas amb sobresalts però molt més ràpid del que podíem imaginar. Dos o tres capítols i la major part de la gent el sentia com si fóra de Reus.

Però els costums actuen en qualsevol direcció. Són costums, al capdavall. Fins i tot les persones més conscienciades de la importància de l'ús del valencià ens hem acostumat a sentir al Canal 9 la presentació de les pel·lícules en valencià i la pel·lícula indefectiblement en castellà. Em diran, ara tenim el Punt 2. Sí, i quantes pel·lícules actuals, de les que tenen una audiència majoritària, hi passen?

Fa poc, en un programa sobre actualitat cinematogràfica presentat en un valencià molt polit, quan van posar escenes on el director parlava de la seua pel·lícula, aquestes apareixien doblades al castellà. És clar, com es pot imaginar algú traduint l'anglés al valencià?

També hem vist com desapareixia l'estupor inicial que produïa el fet que, fa uns anys, als telediaris, únic programa amb els dibuixos que es fan bàsicament en valencià, es parlara en castellà quan es donava una notícia d'una comarca castellanoparlant. Jo sempre m'he preguntat què feien durant la resta del telediari els nadius de les comarques castellanoparlants –que em mereixen tot el respecte, no cal dir-ho. Devia ser com el Canal Plus codificat, o no? Crec que aquest tracte discriminatori, lluny de mostrar un respecte cap a aquells valencians, és una falta de deferència i sensibilitat, ja que duu a la conclusió que miren el telenotícies sense entendre'l una bona part del temps.

Al que alguns ens acostumem menys és a programes, generalment de debat, on el presentador o la presentadora fa la introducció en valencià i com que tots els convidats parlen castellà (qui n'haurà fet la selecció?), la discussió és indefectiblement i uniformement en castellà. I, encara més, si, per les coses de l'atzar, algun convidat és valencianoparlant, acaba parlant també en castellà. És una qüestió d'educació, diuen. I ho és. L'educació hauria de fer que tothom es pogués expressar correctament en la llengua o les llengües del lloc on viu, i l'educació i el sentit comú haurien de fer que les televisions autonòmiques dugueren a terme una de les funcions que els dóna motiu i principi: promoure l'ús de la llengua pròpia. Potser és que la llengua que haurien de promoure no és la llengua pròpia dels que prenen les decisions o que estan tan obnubilats que ni se n'adonen.

NORMA I ESCOLA[83]

Encara que el coneixement i l'ús de la llengua formal depén de molts factors, és evident que l'escola té un paper fonamental en l'ensenyament de l'estàndard i de la norma. L'estàndard no s'adquireix (o almenys no totalment) en un entorn familiar ni de manera espontània i, per tant, cal aprendre'l en un context escolar en la major part de casos. El registre col·loquial *s'adquireix* en l'entorn familiar; l'estàndard, en canvi, *s'estudia* i *s'aprén* en l'entorn escolar fonamentalment. Tenint en compte això, és important reflexionar sobre l'ensenyament i l'aprenentatge de l'estàndard en el marc de l'escola. Plantejarem tres qüestions centrals: què cal ensenyar, quina hauria de ser la relació entre el model de llengua del professor i el de l'alumne i com s'ha d'ensenyar la normativa.

a) *Què cal ensenyar?* Cal partir de la distinció bàsica entre alumnes que parlen valencià a casa i els que parlen castellà. En el cas de valencianoparlants, els alumnes arriben a les aules amb un coneixement de la seua varietat geogràfica i cal que desenvolupen progressivament el coneixement actiu del registre estàndard en la varietat corresponent (en el nostre cas, la valenciana) i el coneixement passiu de les altres varietats de l'estàndard. Les diferents alternatives segons els grans blocs geogràfics, no s'han d'entendre com a excloents sinó com a complementàries i adequades a

[83] El text que presentem a continuació és una versió del que apareix en el llibre de l'Institut Interuniversitari de Filologia Valenciana, *Guia d'usos lingüístics 1. Aspectes Gramaticals*, València, IIFV, 2002, pp. 20-22.

situacions comunicatives diferents, sobretot segons a quina audiència va adreçat el text. En aquest nivell, caldrà incidir també en la coherència en la tria de les solucions: en un mateix text, no hauríem de trobar simultàniament el demostratiu reforçat (*aquesta*) i el no reforçat (*esta*) o el subjuntiu en *-ss-* (*fesses*) i en *-r-* (*feres*); convé triar la forma més adequada segons el caràcter més o menys formal del text i mantenir la solució coherentment al llarg del text.

En el cas dels castellanoparlants, l'escola haurà de familiaritzar-los també amb la llengua col·loquial del seu entorn pròxim, però sempre tenint en compte que no és aquesta la prioritat, ja que el context escolar no és l'adient per a aprendre-la. Mai no és possible ensenyar tota la llengua col·loquial, ja que consistiria, de fet, en totes les possibles varietats, cosa impossible i poc útil, d'altra banda. Caldrà, doncs, estimular les actituds que predisposen a comunicar-se en valencià amb valencianoparlants –i, en especial, sempre que algú se'ns adrece en valencià–, cosa que actualment no sempre es dóna i és mostra d'un important fracàs per part dels que ens dediquem a ensenyar llengua.

b) *La llengua de l'alumne i la llengua del professor*. Les teories més modernes sobre l'ensenyament remarquen que cal partir dels coneixements dels alumnes. En el cas de l'àrea de llengua, això implica que hem de partir del nivell de llengua que parla habitualment l'alumne, el qual, lògicament, correspon a la llengua familiar, marcada per formes típiques de zones més o menys reduïdes i amb limitacions quant a recursos expressius adients per a la comunicació formal. Aquesta idea no s'ha d'interpretar en el sentit que el professor ha de parlar com l'alumne; es tractaria d'una simplificació d'efectes poc desitjables. El professor és un model de referència lingüística bàsic, de vegades l'únic que té l'alumnat. Així doncs, el professor s'ha d'esforçar per usar a l'aula un registre estàndard, tan flexible i tan ple de matisos com es vulga, però diferenciat del que usa en entorns no escolars. La progressió de l'alumne haurà de ser una aproximació paulatina al model que presenten, entre altres, els llibres i el professor. Així, el professor haurà de pautar el grau d'exigència en l'adequació a l'estàndard de l'alumne segons el nivell d'ensenyament en què es troba i els objectius que es volen aconseguir, però, per la seua banda, haurà d'expressar-se habitualment en estàndard.

És també una idea prou fonamentada en l'ensenyament de la gramàtica, i en concret de la normativa, que molt del que s'aprén no es fa per la memorització de normes i excepcions sinó per la imitació de models d'ús culte. Els xiquets són especialment porosos als models i, per això, l'ensenyament indirecte de la normativa, a través d'un ús estàndard de la llengua, pot ser tan important o més que la quantitat d'hores que es dediquen a fer exercicis que treballen la correcció lingüística. En la nostra situació sociolingüística, el paper del mestre (i no només del de llengua, és clar) esdevé clau.

c) *Com s'ha d'ensenyar la normativa?* S'ha d'intentar mostrar la normativa no com una imposició que retalla les nostres possibilitats expressives i converteix en incorrectes les formes que habitualment diem o sentim, sinó com un ajut, una necessitat de la comunicació, en el sentit que ja hem explicat abans. És important que no aparega com un llistat de regles i excepcions que fan la llengua difícil. Totes les llengües tenen normativa, sols que, quan es desenvolupen i s'usen normalment, l'estàndard s'aprén com un fet natural i ningú no sent que atempta contra l'expressió «lliure». Quan la llengua no té un ús normal, la rigidesa inherent a les normes (altrament no fan la seua funció) pot esdevenir una excusa fàcil per a justificar que no es parle, no s'escriga, no s'aprenga.

És cabdal reduir tant com siga possible el maniqueisme dels conceptes de *correcte/incorrecte*. Però això no ens ha de dur a caure en l'ambigüitat o la imprecisió evitant totalment aquests termes ni ens ha de fer considerar sempre com a excessivament taxatives expressions com «cal dir», «no es pot dir». L'ambigüitat i la preferència de formes indirectes de valoració normativa deixen oberta la porta a interpretacions errònies i carreguen l'usuari amb una responsabilitat que no té ni vol tenir: la de decidir entre alternatives. La idea d'adequació al context ha de ser primordial en l'ensenyament: escriure sense accents podia ser adequat, per exemple, quan fa uns anys els correus electrònics no els admetien i el fet de posar-los implicava que el missatge arribava distorsionat i era difícilment llegible; però escriure sense accents era i és del tot inadequat en un ús formal com una redacció de classe o un examen (a banda de les conseqüències que pot comportar).

La normativa s'ha d'ensenyar vinculada als textos, contextualitzada. És gairebé inevitable que, quan fem explicacions teòriques, parlem de les solucions més habituals, descontextualitzades; tanmateix, en un text concret, davant d'un problema normatiu, podem prendre decisions diferents de les que inclouen les gramàtiques. Conéixer realment una llengua implica aquesta capacitat d'activar solucions, de vegades imaginatives, per resoldre problemes d'expressió; però, fins arribar a aquest nivell de domini, la normativa és un bon punt de suport. No sempre existeix «la solució» a un problema; sovint hi ha diferents solucions correctes, unes de més adequades a un context comunicatiu específic que unes altres.

A més, no s'ha d'oposar norma i ús: la norma es complementa amb l'ús formal de la llengua i demana el reconeixement dels usos no formals, els quals, pel fet de ser informals, no s'han de desprestigiar però sí que s'han de delimitar dels usos formals.

EPÍLEG: EL VALENCIÀ ÉS DIFERENT

Narracions, explicacions, reflexions ens han fet veure que el valencià és diferent. Si algú patia per això, pot deixar de patir. Segurament, no trobarem cap llengua, cap parlar amb aquesta mateixa història, amb aquesta mateixa situació, tot i que no serà tan difícil trobar situacions semblants, algunes de les quals ja han «avançat» o «retrocedit» més, segons es mire. De fet, sovint es fa difícil entendre el conflicte valencià si no es tenen en compte dades històriques, com diu Gustau Muñoz:

> Només en referència a la història turmentada de la qüestió lingüística al País Valencià dels anys setanta ençà –que molts des de fora amb prou feines arriben a entendre– es pot explicar la dinàmica complexa de tot aquest afer i les seues fases darreres. Perquè en termes sensats i racionals, de país normal, tot aquest assumpte és directament oníric. Una acadèmia amb pocs acadèmics per a normativitzar una llengua que ja està normativitzada, per a adaptar un model de llengua que està totalment acceptat pels usuaris, i que només és qüestionat pels qui tenen interessos directes a malmetre-la i entrebancar-la, a problematitzar-la i a demostrar per la via dels fets allò que no tenen cor de dir públicament, que és un destorb com a llengua nacional i de cultura.[84]

[84] Gustau Muñoz, *A l'inici del segle. Un dietari de reflexions*, València, Tres i Quatre, 2002, pp. 205-206.

I és que, malgrat tot, el valencià és català i no per això deixa de tenir les seues particularitats, històriques, gramaticals, lèxiques. I, com diu Fuster de nou, «l'anticatalanisme és una "pallola" que passa, si és de veres que el "valencianisme" és practicant».[85] El problema és que la majoria de promotors del secessionisme lingüístic són poc o gens practicants i tenen poc o gens d'afecte per la llengua dels valencians.

La llengua, les llengües són, com les persones, diversitat, però en aquesta diversitat sempre hi ha denominadors comuns que cap llei no pot modificar. Si un decret diu que les pomes ja no són pomes, sinó un tipus de taronja, perquè en aquestes terres només es poden conrear cítrics, els direm taronges, però continuaran essent pomes. Els altres, des de fora, ens miraran entre sorpresos i divertits, i pensaran que som uns estúpids.

D'altra banda, què guanya el valencià «essent» (pretenent ser) una llengua diferent? De ser part d'una de les majors llengües sense estat, una de les que té més parlants, una de les que compta amb una literatura més forta –gran part de la qual la van fer valencians i encara ara hi contribueixen–, una de les que es coneix al món, passa a ser una «llengua» més que minoritària, incapaç de competir ni mínimament amb el castellà, destinada, doncs, a desaparéixer sota la força d'una llengua amb estat i amb projecció internacional. A qui pot convenir aquest canvi més que als que no volen que el valencià es puga situar en nivell d'igualtat amb altres llengües?

---

[85] Joan Fuster, *Escrits sobre la llengua*. Introducció i selecció de textos a cura de Marisa Bolta i Toni Mollà, València, Tàndem, 1994, p. 108.

Cap decret, cap programa polític, cap document polític o jurídic no pot fer que el valencià deixe de ser el que és; les pomes són pomes. Cap decret no pot fer que les tres frases del principi del llibre, «El valencià/el mallorquí/el català és una llengua diferent?» siguen tan iguals en totes els seus aspectes que qualsevol persona sense prejudicis o interessos (o molta ignorància) no les identifique com a pròpies de la mateixa llengua. Cap disputa política no hauria de justificar que es manipule el tema de la llengua i s'acabe creant un problema fictici amb l'únic objectiu d'aconseguir quatre vots. Ha d'haver-hi altres maneres més honestes, més respectuoses, més cultes, més racionals.

BELLO, VICENT (1988) *La pesta blava*, València, Tres i Quatre.

BELTRAN, ADOLF (2002) *Els temps moderns. Societat valenciana i cultura de masses al segle XX*, València, Tàndem.

CUCÓ, ALFONS (2002) *Roig i blau. La transició democràtica valenciana*, València, Tàndem.

CUENCA, M. JOSEP & JOAN FRANCESC MIRA (1998) «Ací enfront d'ací. La normativització de la diferència pot impedir l'articulació d'un espai comú?», *Caràcters* 5, Segona època, octubre de 1998, p. 25.

FUSTER, JOAN (1994) *Escrits sobre la llengua*. València, Tàndem. Introducció i selecció de textos a cura de Marisa Bolta i Toni Mollà.

HOBSBAWM, E. J. (1990) *Nations and Nationalism since 1780*, Cambridge, Cambridge University Press. Trad. cast.: *Naciones y nacionalismo desde 1780*, Barcelona, Crítica.

INSTITUT INTERUNIVERSITARI DE FILOLOGIA VALENCIANA (1998) *Sobre la llengua dels valencians. Informes i documents*, València, IIFV/Universitat de València.

INSTITUT INTERUNIVERSITARI DE FILOLOGIA VALENCIANA (2002) *Guia d'usos lingüístics 1. Aspectes Gramaticals*, València, IIFV. Coordinat per Antoni Ferrando i redactat per M. Josep Cuenca i Manuel Pérez Saldanya.

MUÑOZ, GUSTAU (2002) *A l'inici del segle. Un dietari de reflexions*, València, Tres i Quatre.

Nueva enciclopedia escolar. Periodo de enseñanza elemental. 2º grado Burgos, Hijos de Santiago Rodríguez, 52a. edició, s/d.

SARAMAGO, JOSÉ (2001) *Història del Setge de Lisboa*, Barcelona, Edicions 62.

SMITH, ANTHONY D. (2000) *The Nation in History. Historiographical Debates about Ethnicity and Nationalism*, Londres, Polity Press-Blackwell, 2000. Trad. cat.: *La nació en la història*. Catarroja-València, Afers-Universitat de València, 2002.

TORRENT, FERRAN (2002) *Societat limitada*, Barcelona, Columna.

TUSON, JESÚS (1998) *Històries naturals de la paraula*, Barcelona, Empúries.

ARTICLES DE PREMSA CITATS

A. G. , «La RAE anuncia que revisará las definiciones de las lenguas tras una visita de la Acadèmia», *Levante*, 4 de juliol de 2002.

BARBERÀ, JEREMIES, «Normativa», *Levante*, 31 de maig de 2001.

BELTRAN, ADOLF, «Demagogia», *El País*, 10 de juny de 2002.

BONO, FERRAN & JUANMA JÁTIVA, «Los editores denuncian que Educación hace un uso restrictivo de los acuerdos de la Acadèmia», *El País,* 29 de maig de 2002.

CAPILLA, JULI, «Fuster, mesura de tot un país», *El Temps,* 25 de juny-1 de juliol de 2002, 58-69.

DUCAJÚ, MAITE, «El TSJ fuerza a Educación a aceptar de modo cautelar a los titulados en Filología Catalana», *Levante*, 12 de juliol de 2002.

EFE, «El TSJ deniega eximir a los filólogos catalanes de la prueba de valenciano», *Diario de Valencia*, 20 de juliol de 2002.

ESTEVE, ALFONS, «No amb impunitat», *El País*, 10 de juny de 2002.

FERRIOL, J. C. & J. BRAULIO, «El PP llama "listillo" a De la Concha por interferir en el debate lingüístico», *Las Provincias*, 13 de juny de 2002.

G. G. L., «Desestimada una medida cautelar del recurso por el requisito lingüístico», *El País*, 20 de juliol de 2002.

NICOLÁS, MIQUEL, «La mordassa i l'anatema: l'estratègia del PP davant la llengua», *El Temps*, núm. 934, 7-13 de maig de 2002, 75-77.

REDACCIÓN, «La Academia Española insiste en el Senado en que el valenciano es una modalidad del catalán», *Las Provincias*, 12 de juny de 2002.

REDACCIÓN, «La Acadèmia solicita hoy a la Española que el diccionario no equipare valenciano y catalán», *Las Provincias*, 3 de juliol de 2002.

REDACCIÓN, «La Academia Española revisará la definición de valenciano para que deje de equiparararse al catalán», *Las Provincias*, 4 de juliol de 2002

REDACCIÓN, «El Tribunal Superior rechaza el recurso de la Universitat sobre el requisito lingüístico», *Las Provincias*, 20 de juliol de 2002.

REQUENA, PASQUAL, «Alguna cosa més que un requisit», *Levante*, 2 d'agost de 2002.

SOLER, VICENT, «Una transició historiada», *El País*, *Quadern* 199, 9 de maig de 2002.

VERDÚ, VICENTE, «El valenciano», *El País*, 24 de maig de 1997.

ÍNDEX